나
글쓰는
여자야

나 글 쓰는 여자야

조미숙 수필집

수필과비평사

■ 작가의 말

　글을 쓴 지 꽤 되었다. 목포대학교 평생교육원에서 이훈 교수님의 지도로 글쓰기를 시작했다. 독서지도사로 활동하며 논술 지도를 제대로 해 보고자 했는데, 교수님이 '내가 글을 쓸 줄 알아야 남을 지도할 수 있다.'고 매주 글을 써서 제출하라고 했다. 처음에는 그냥 썼다. 난 제법 글을 쓴다고 생각했다. 흐릿한 기억이지만 어려서 무슨 글짓기 대회에서 상을 받았다. 또 작은딸 중학교에서 사서 선생님이 글을 쓰라고 해서 제출한 것으로도 받았다. 글을 쓰면 늘 칭찬을 받았던 경험도 무시할 수 없었다. 그러다 보니 글쓰기를 두려워하지 않았다. 그렇게 자신 있었던 글이 빨갛게 첨삭이 되어 있었다. 처참한 현실에 고개를 떨굴 수밖에 없었다.
　그렇게 시작된 글쓰기와의 인연은 수업을 듣다 말다를 거듭하며 지금까지 이어오고 있다. 쓰기 싫은 날도 많았지만 꾸역꾸역 쓰다 보니 여기까지 왔다. 한 우물만 파면 된다는 말처럼 오래 글을 쓰다 보니 이런 좋은 일도 생기나 보다. 내가 책을 낼 줄은 몰랐다. 예전에 엄마가 "내가 살아온 이야기를 쓰면 책 몇 권이라도 모자란다."라고 했는데 엄마의 그 삶이 내 이야기에 녹아 책이 됐다. 진즉 많은 이야기를 써 뒀더라면 하는 아쉬움도 남는다. 이제는 부모님도 모두 돌아가셔서 그분들의 삶의 이야기가 공기 중에 흩어져 버렸다.

 엄마는 초등학교도 다니지 못했지만 어깨너머로 글을 깨쳤다. 우리 집에 오면 아이들 동화책을 들고 큰 소리로 읽으며 재밌다고 했다. 이제 와 생각해 보니 엄마의 유전자를 물려받았나 보다. 책을 좋아하니 덕분에 글을 쓰고 책을 내게 됐다.

 처음에 전남문화재단에 서류를 제출하면서도 선정될 거라 생각 못 했다. 나처럼 경력도 소속도 없는 일반 주부에게 기회가 주어질지는 몰랐다. 막상 선정되니 기쁘기보다는 걱정이 앞섰다. 지극히 사적이면서 내 민낯이 그대로 드러난 글이 활자화된다니 부끄러웠다. 글감에 맞춰 글을 쓰다 보니 중복되는 이야기가 많았다. 덜어내려고 애를 썼는데도 글의 짜임상 필요하기에 그냥 살렸다. 이래저래 아직 여물지 못한 글로 책을 내게 해 주신 전남문화재단에 고마움을 표한다. 더 열심히 써서 예술인 육성 사업의 취지에 답하라는 말로 여기겠다.

  오늘의 이 기쁨이 있기까지 지겹도록 잘못된 부분을 지적해 주신 교수님의 열정과 양선례 교장 선생님의 아낌없는 도움과 박선애 선생님의 꼼꼼한 교정이 있었기에 가능했다. 그 고마움을 항상 간직할 것이다. 그리고 함께 공부하며 응원해 주신 문우님과 기꺼이 글의 소재가 되어 주고 아낌없이 응원해 준 남편과 아이들에게도 사랑과 고마움을 전한다.

                         23년 장마가 시작되는 6월의 끝자락에서
                                            조미숙

■ 목 차

작가의 말

1부 너무 이른 봄맞이

너무 이른 봄맞이 • 10
봄을 기다리며 • 14
봄날 하루 • 19
속이 쓰리다 • 23
하룻밤만 재워 주세요! • 27
은행집에 세 들다 • 32
대화가 필요해 • 36
주류와 비주류가 사는 법 • 41
70년 • 47
보물이 오다 • 51
그림자 며느리의 추석 일기 • 56
제사 준비 • 61
여자가 • 65

2부 여름 끝에서

우리 집 • 70
여름 끝에서 • 75
친정에서 보낸 하루 • 79
땅과 부모님 • 83
무주상보시 (無住相布施) • 87
오빠는 바보다 • 92
그리운 부모님께 • 97
보물이와 엄마 • 102
엄마를 잃어 버렸다 • 106
보낼 수 없는 편지 • 110
고향이 사라졌다 • 115
주검 • 121

3부 부모 자리

저녁에 • 126
120점 • 129
한라산에 오르다 • 135
아들의 반전 • 140
흙수저 엄마와 두 딸 • 145
가우도 출렁다리 • 150
따뜻한 미소 • 155
남매의 싸움 • 159
부모 자리 • 165
비행기 타다 • 170
헤쳐모여 • 175
지금은 격리 중 • 179

4부 나 글 쓰는 여자야

다이어트는 내일부터 • 186
이 또한 즐겁지 아니한가? • 190
바람 앞의 등불 • 196
고스톱이라고? • 201
미인이시네요 • 206
인생은 즐거워 • 211
조서는 처음이라 • 216
나 글 쓰는 여자야 • 221
나는 숲으로 출근한다 • 226
윤슬에 실려 온 바람 • 231
애벌레 키우기 • 236
내 이럴 줄 알았다 • 242
김치가 익는다 • 247
내 나이는 지천명 • 252
핑계 • 257

1부

너무
이른
봄맞이

너무 이른 봄맞이 · 봄을 기다리며 · 봄날 하루

속이 쓰리다 · 하룻밤만 재워 주세요! · 은행집에 세 들다

대화가 필요해 · 주류와 비주류가 사는 법 · 70년

보물이 오다 · 그림자 며느리의 추석 일기 · 제사 준비 · 여자가

너무 이른 봄맞이

 "있잖아, 나 병원에 가야겠어." "왜 그래? 아프면 좀더 누워있어 봐." 자고 있는 남편을 흔들어 깨웠더니, 귀찮다는 듯이 한마디 뱉고는 돌아누웠다. 지난밤 언짢은 기분이 남아있는 듯 남편의 뒷모습에 냉기가 느껴진다.

 전날 밤, 남편과 사소한 말다툼이 있었다. 그래서 큰아이 방에서 혼자 잤는데, 새벽녘에 갑자기 허리가 아파 잠이 깼다. '오래 잔 것도 아닌데 왜 이러지?' 하며 돌아누웠는데 이번엔 배도 아프다. 화장실에 들락날락하기를 여러 번. 배탈은 아닌 것 같고, 허리 통증은 더 심해졌다. 도저히 참을 수가 없어서 깨웠는데, 그럴 수 있느냐 말이다. 순간 정말 남편이 미웠다. '니가 남편이냐? 마누라가 아파 죽겠다는데 놀라서 벌떡 일어나야지!' 뱉지 못할 싫은 소리를 삭이며 '그래, 더럽고 치사해서 나 혼자 간다.' 하는 오기가 생겼다. 집 근처에 병원이 있어 걸어갈 수 있다. 주섬주섬 옷을 챙겨 입는데 하늘이 노래지는 것 같았다. 이러다가 길에서 쓰러져 버릴 것 같아 다시 깨웠다. 허리를 붙잡고 뒹구는 모습에 예사롭지 않다고 느꼈는지 일어난 남편은 또 한마디한다. "배가 아프면 조금 참았다가 산부인과로 가 보지." '그게 말이야 뭐야. 내가 병원 진료 시간까지 기다릴 수 있으면 이러겠냐?'는 생각에 그냥 서러움이 왈칵 솟았다. "애들은?" "나 병원만 데려다주고 자기가 와서 챙겨 보내." "어떻게 그래." 하더니 남편은 오늘은 애들을 유치원에 오늘 보낼 수 없다고 전화했다. 그러고서야 우리는 병원에 갔다.

   응급실에 들어가 진통제를 맞고도 통증이 가라앉지 않았다. 남편은 계속 산부인과로 가야 하지 않겠냐고 한다. 다시 또 진통제가 들어가고 의사는 시티(CT) 촬영을 해 보자 했다. 그 와중에 남편은 가봐도 되냐고 물었다. 출근해야 하기 때문이라지만 이런 날은 말하고 좀 늦어도 되는데 하는 서운함마저도 통증에 묻혀 버렸다. 시티 촬영 결과, 콩팥에 돌이 생겨 입원해야 한다고 했다.

   남편을 보내고 혼자서 입원했다. 친정도, 시댁도 옆에 있어 줄 사람이 가까이 살고 있지 않아 누구의 도움도 바랄 수 없었다. 혼자라는 걸 뼈저리게 느꼈다. 늦게 퇴근하는 남편은 아홉 시가 넘어서야 잠깐 들렀다가 가곤 했다. 아이들이 어려서 저희끼리 집에만 있으라고 하기가 어려워, 유치원과 학원에 갔다 오면 남편이 퇴근할 때까지 내가 병실에서 데리고 있어야 했다. 다행히 집하고 병원이 가까워 아이들이 오며 가며 지냈다.

  돌이 작아 약물 치료로 끝날 것 같았는데 여러 날이 지나도록 소변으로 나오지 않자 깨 보자는 의사의 권유에 시술을 받기로 했다. 다행히 레이저로 한다고 해서 안심하고 시술대에 누웠는데 이게 장난이 아니었다. 쇠망치로 쇳덩이를 때리는 듯한 굉음에 아찔했고, 옆구리를 두들겨 맞는 것 같은 아픔에 "악!" 소리가 절로 나왔다. "땅! 땅!" 그렇게 30분 정도 맞고 나니 만신창이가 된 듯했다. 그리고 그 다음날 난 퇴원했다.

  집에 오니, 난장판일 것 같았던 집이 의외로 깨끗했다. 남편이 아침 일찍 일어나 청소하고, 세탁기도 돌리고 했단다. 입원할 때 섭섭하고 얄밉던 마음이 눈 녹듯이 사라졌다. 밤늦게 퇴근해서 병원 들르랴, 애들 챙기랴, 집안일 하랴, 힘들었을 것 생각하니 오히려 미안했다. 그리고 뻔한 형편에 병원비도 많이 써서 더욱 그랬다.

사실 입원 전날 남편과 다툰 이유는, 봄맞이 정리를 해 보자 했던 것이 문제가 되었던 것이다. 초등학교에 입학하게 된 작은딸의 방에 침대를 넣기가 너무 비좁아 안방을 내어 주기로 말을 맞췄다. 그런데 안방에 곰팡이가 문제가 되어 도배를 새로 해야 했는데 돈이 없어 내 힘으로 해 보자는 생각이었다. 충분히 할 수 있다는 지인의 말에 솔깃했다. 어차피 이사는 무리여서 내 선에서 할 수 있는 최선의 해결책이라 생각했다. 그래서 서둘러 도배지를 사 왔고 다음 날 도배할 계획이었다. 하지만 남편은 혼자서 어떻게 할 것이며, 뭔 일을 순서도 의논도 없이 혼자서 결정하고 통보만 하느냐, 뭐가 그리 급하냐면서 화를 냈다. 난 반대할 게 불 보듯 뻔해 일단 일을 저지르고 보려 했던 것이다.

무리한 결정이 화를 불렀는지, 너무 이른 봄맞이가 시샘을 받았는지 모르겠지만 봄맞이는커녕 정신없이 하루를 보낸다. 둘째 아이 학교에 청소 다니랴, '동화 읽는 어른 모임' 활동하랴, 글쓰기 공부하랴, 도통 봄맞이엔 관심이 없다. 그런 나에게 막내아들이 틈만 나면 묻는다.

"엄마, 오늘 도배할 거야?"

봄을 기다리며

올 4월에 코로나를 앓았다. 격리 해제를 앞두고 보건소로 피시알(PCR) 검사를 받으러 다녀오는데 다리가 후들거렸다. 7일 동안 좁은 방 안에 갇혀 누워만 있다 보니 그렇게 되었나 보다. 하는 일도 없이 무력하게 시간을 보내면 안 될 것 같아 저녁 운동을 시작했다. 코로나로 쉬기 전까지 재미 붙여 하던 생활체조였다. 예전에 하던 곳으로 가지 않고 집 근처 공원으로 갔다. 그곳은 주변 아파트의 민원으로 하지 않는다고 들었기 때문이다. 멀기는 하지만 정들었던 곳이라 선뜻 집 근처로 옮기지 못하고 있었다. 그래도 집 가까운 데라 낯선 사람들 사이에서 적응하기는 힘들어도 다니기로 했다. 다행히 몸이 기억하고 있는 동작들이 있어 따라가기는 어렵지 않았다.

숨이 턱까지 차오르고 땀이 비 오듯 흐르는 그 시간은 모든 걸 잊게 만든다. 살이 빠졌다는 말에 힘을 얻어 더 열심히 한다. 무릎과 엉덩이 통증으로 팔짝팔짝 뛰는 것도, 왼쪽 어깨가 아파서 제대로 뻗는 것도 힘들었지만 그래도 재밌었다. 운동이 끝나고 집으로 돌아가는 길에 주변 사람들이 "어휴, 저 땀 좀 봐." 하면 열심히 한 흔적이라 생각하면서도 겉으로는 "제가 원래 땀이 많아요."라며 흐뭇하게 웃는다.

생활체육교실은 4월에 시작하여 10월이면 끝난다. 야외이기 때문에 날씨가 추워지면 할 수가 없다. 그런데 올해는 실내 수업을 한다고 했다. 그동안 코로나로 쉬었지만 겨울이면 회비를 내고 봄까지 운동을 이어간단다. 한꺼번에 회비를 내야 해서 부담이 되었지만 그래도 적은 돈으로 겨울에도 할 수 있으니 기꺼이 신청했다.

첫날 환한 실내에서 만나니 더 어색했다. 공원에선 앞자리에서 했는데 실내에선 맨 뒷자리로 갔다. 좁고 답답한 실내에서 그나마 숨통이 트이기도 했고 환기가 잘 안 되는 앞보다 뒤에는 출입문이 있어 더 나을 것 같았기 때문이었다. 동작이 틀려도 마음이 편했다. 가끔 얼굴을 마주보며 하는 동작이 있는데 어색하기도 하고 지치기도 해서 웃음이 나오지 않는다. 마음은 활짝 웃고 싶은데 잘 안 된다.

　실내 운동이 더 힘들었다. 목포시 생활체육협회에서 강사료를 받고 하는 것보다 회원들에게 직접 돈을 받아서인지 심하게 운동을 시켰다. 살을 빼려면 적당히 해서는 안 된다고 몰아붙인다. 새로운 작품도 죄다 거친 숨을 내쉬게 만들었다. 한 곡이 끝나면 벽을 잡고 잠시 숨을 고른다. 말랑말랑하던 배에 미세하게나마 근육이 만들어지는 것같이 힘이 느껴진다. 건강한 몸이 되어 간다는 느낌이 들었다. 최근에 같이 일하는 동료끼리 버스를 빌려 단체 나들이를 갔는데 몇몇이 코로나에 걸렸다. 늘 붙어다니는 언니도 확진 됐는데 그 와중에도 살아남았다고 강철이라는 말을 들었다. 땀 흘리며 운동한 덕분이 아닌가 싶었다.

　오랫동안 거실에 방치해 두었던 퍼즐을 완성했다. 구스타프 클림트의 〈키스〉인데 마지막 바탕은 미세한 차이점을 분간할 수가 없어 하루 하나 정도 채우거나 여러 날이 지나도록 쳐다보지도 않고 지내기도 했다. 이젠 더이상 미룰 수가 없어 눈이 빠지게 들여다보다 우연하게도 하나를 메우니 그 다음부터는 일사천리로 해결 됐다. 그러다 또 막히자 이번에는 몇 개 안 남은 퍼즐 조각을 하나 하나 좌우로 돌리고 대조해 가며 맞췄다. 집에 퍼즐 액자가 몇 개 있는데 이번 것이 제일 오래 걸렸다.

　글쓰기도 끝난다. 어느 해보다 많이 쓰긴 했지만 여전히 여러 가지로 부족하다. 매년 고민이 되는 일이지만 어느덧 이 방을 떠나기 싫어 무엇에 홀리듯 다시 접수하고 만다. 다들 눈부시게 발전하고 책도 내는 사람도 많은데 나만 그대로 있는 것 같아 답답하다. 아직까지 기계적으로 생각하고 글을 쓴다는 지적을 벗어나지 못했다. 반짝반짝 빛나는 아름다운 글을 읽으면 어떻게 그렇게 생각하며 그런 표현을 하나 그저 부럽다. 글 잘 쓰는 일이 그렇게 요원한 길인지 모르겠다. 빨간 글씨를 보면 지금도 얼굴이 화끈거리고 마음이 아프다. 글 잘 쓴다는 칭찬을 들은 지 오래됐다. 천성이 게을러 가장 오래된 수강생이면서도 그 값을 다하지 못하고 있어 부끄럽다. 한때 글 잘 쓰는 사람이라고 자부했던 마음을 이제는 꽁꽁 숨겨 두고 싶다.

　오전에 하던 유아 숲도 마무리되었다. 내년에 또 입찰해서 사업을 따내야 일을 할 수 있다. 개인적으로 하는 숲 관련 수업도 모두 마쳤고 이젠 오후에 하는 교육청 일만 남았다. 언제 끝날지는 모르지만 곧 마무리될 것이다. 우리 같은 하루살이 직업은 동면기에 접어든다. 고용보험을 받으며 내년을 기다려야 한다. 적은 수입으로 버텨야 하는 계절이니만큼 삭풍에 몸이 시리는 기간이다.

동백꽃이 피었다. 한겨울에 꽃을 피우는 동백나무는 동박새가 유일한 친구이다. 나에게도 동박새가 되어 줄 이가 있을까? 생각이 많아지는 계절이다. 눈 속에 핀 빨간 동백꽃은 예쁘지만 겨울은 추워서 싫다. 멀기만 한 봄을 벌써부터 기다린다.

봄날 하루

지난 토요일, 숲기행을 다녀왔다. 별로 가고 싶지 않았지만 바람이나 쐬자는 생각이었다. 강진 백련사 동백숲, 다산초당, 가우도를 돌아보는 일정이었다. 아는 사람은 몇 명 없고 대부분 모르는 사람들이었다. 강진은 내가 나고 자란 곳이지만 다산초당은 이런저런 이유로 가 보지 못했다. 다산 관련 책을 읽으면 한번 다녀오고 싶다는 생각은 있었지만 행동으로 옮기진 못했다.

백련사 동백숲은 기대보다 예쁘지 않았다. 시기를 잘 맞추지 못했는지 드문드문 핀 동백꽃은 빨간 정열의 빛을 잃었고, 떨어진 꽃은 변색이 되어 지저분했다. 나무에서 한 번, 떨어져서 한 번, 내 마음속에 한 번, 이렇게 세 번 핀다는 그 동백꽃은 다 어디로 갔을까?

하지만 백련사 담장 밑에 흩뿌려 놓은 보석 같은 큰개불알꽃이 나를 반겼다. 누군가 별 부스러기를 뿌려놓은 것 같다는 표현이 딱 들어맞는 것 같다. 이름은 다소 민망하지만 희고 파란 꽃잎이 반짝반짝 빛나며 이른 봄의 봄빛을 더해주고 있었다.

백련사에서 다산초당으로 넘어가는 숲속에는 한껏 부풀어오른 겨울눈들이 맘껏 기지개를 펴고 있었다. 생강나무도 노란 꽃을 피우고 진달래도 한두 송이 피었다. 생강나무가 강원도에선 동백나무로 부르며 김유정의《동백꽃》에 나오는 노란 동백꽃은 생강나무를 뜻한다는 숲해설가의 설명을 귓등으로 흘려보내면서도 번식을 앞둔 새들의 부산거림에 귀를 기울이며 딴짓의 재미에 빠졌다. 또 발밑에 수줍게 고개를 내민 보춘화를 보며 사진을 찍겠다며 낙엽이 깔린 바닥에 납작 엎드려 핸드폰을 내밀었다. 그래도 선뜻 얼굴을 보여 주지 않는다.

다산초당에서 잠시 다산의 삶을 생각하다 가파른 숲길을 내려왔다. 이 길을 18년 동안 오고갔을 그와 그 제자들이 무슨 생각을 하며 걸었을까? 위대한 학자의 삶보다는 인간으로서 얼마나 외롭고 힘들었을까 라는 생각이 먼저 들었다. 내려오는 길에 만난 한 제자의 무덤을 뒤로하고 마을에 도착했다. 주인은 허기진 배를 채울 생각뿐인 우리를 붙잡고 아직 점심 준비가 덜 되었다는 핑계로 다산 관련 강의를 했다. 다산의 몇 대손이라는 그분은 선거법 위반으로 3일천하를 달성한 전직 군수라는 명함을 지닌 사람이라고 한다. 그 넓은 땅(찻집, 식당, 민박집)을 소유한 사람치고는 차려 나온 밥상은 실망스러웠다. 개화 소설에 나오는 못된 지주가 생각났다.

그 집 정원에 핸드폰을 두고 온 것도 모르고 가우도에 도착했다. 식당에 연락하고 건너는 출렁다리는 불안한 마음만큼이나 추웠다. 섬 한 바퀴를 도는 데 많은 시간이 걸리지는 않지만 빨리 끝내고 핸드폰을 찾으러 가야 한다는 마음에 저절로 발걸음이 빨라졌다. 그러다 흩어져서 걷던 일행들을 마을의 묵은 밭에서 마주쳤다. 몇 명이 갓을 뜯고 있었는데 나도 모르게 그들이 있는 곳으로 발길을 옮겼다. 푸성귀만 보면 정신을 못 차리게 하는 내 몸에 흐르고 있는 유전자는 앞뒤 잴 겨를 없이 나를 이끌었다. 그 순간 핸드폰도 잊었다. 맨손으로 정신없이 뜯다 보니 엄청난 양이 쌓였다. 그렇게 여기저기 소복이 쌓인 갓을 보니 남편의 "또 욕심부렸군!" 하는 힐난이 들리는 듯했다.

문제는 그 많은 양의 갓을 어디에 어떻게 담아 버스까지 옮길 것인가였다. 다행히 큰 비닐 봉투가 하나 있어 거기에 최대한으로 집어넣고 나머지는 주위에 있는 끈을 모아 얼기설기 묶었다. 그것을 두 사람씩 짝을 지어 들고 가기로 했는데 나머지 비닐 봉투에 든 것은 들고 가기에 너무 무거웠다. 그때 촌사람만이 가질 수 있는 담대함으로 선뜻 내가 머리에 이어버렸다. 임질에 어느 정도 이골이 난 나이기에 이까짓 것은 충분히 이고 갈 수 있다고 생각했다 그렇지만 끊임없이 부딪히는 관광객들의 눈길에 부끄러움은 내 몫이었다. 그리고 짧지 않은 거리에 목은 점점 움츠러들고 어깨에 내려앉는 뻐근함은 더해갔다.

    그렇게 힘들게 가져 온 갓을 사람들이 가져가지 않았다. 김치를 담그지 못한다는 핑계로 비닐 봉투에 담긴 것 말고는 모두 내 차지가 되었다. '내가 미쳤지.' 하며 궁시렁거려 보지만 마음은 벌써 김치를 맛있게 담가 나눠 줄 생각에 설렜다. 한나절을 꼬박 김치를 담그고 익혀 다 나눠줬다. 여섯 통이나 된 김치가 한 통 남짓 남았다. 그래도 "맛있다."는 문자를 받아 행복했다. 그렇게 또 봄날 하루를 보냈다.

속이 쓰리다

 먹는 게 너무도 괴로웠다. 아침에 눈을 뜨면 '오늘은 또 무얼 먹고 하루를 버티나?'가 큰 숙제였다. 아무리 먹고 싶은 것을 찾아봐도 없다. 뒤집히는 속을 부여잡고 뒹굴면서 제발 속이 진정됐으면 좋겠다는 생각뿐이었다. '언제나 이 괴로움에서 벗어날까?'
 그랬다. 입덧이 시작된 것이다. 남들은 임신하면 먹고 싶은 것도 많고, 먹지 못하면 눈앞에서 둥둥 떠다닌다던데 난 그 반대였다. 속쓰림이 하루의 시작을 알렸다. 메스꺼운 속 때문에 화장실 문턱이 닳았다. 늘 맡던 밥 냄새, 냉장고 문을 여닫으면 나는 김치 냄새도 나를 진저리치게 했다. 어느 날은 그런 상황에서도 겨우겨우 남편 밥상을 차려놓고 옆에서 헛구역질했더니 밥맛 떨어지게 그런다고

했다.

　음식만 넘어가면 눈물이 쏙 빠지도록 토한다. 그러고 나면 제풀에 서러움이 왈칵 솟았다. 낯선 곳에서 외로운데 몸까지 그러니 엄마가 그립기만 했다. 누군가 옆에서 나 좀 챙겨줬으면 좋겠다. 남편은 오히려 짐이었다. 가뭄에 콩 나듯 생각나는 음식이 있어 말할라치면 남편 왈, "목포엔 그런 것 없어."라고 했다. 물론 서울에서 먹던 '신당동 즉석 떡볶이'라든가, '신림동 곱창 순대볶음' 같은 것은 목포에서 구하기가 힘들겠지만 그와 비슷한 거라도 구해줘야 하지 않겠는가? 오히려 어디서 들었는지 신경 쓸 게 없어 그런다 했다. 바쁘게 움직이면 입덧을 안 한다면서. 너무 인정머리 없다. 나도 미치도록 뭐가 먹고 싶은 것은 아니었다. 그냥 뭘 좀 먹어야 속이 덜 쓰리니까 그런 것이었다.

　무심한 남편은 둘째 때도 별반 나아진 게 없었고 내 입덧은 오히려 더 요란해졌다. 이번엔 물만 먹어도 토했다. 어느 날인가 그날도 쓰린 속을 붙잡고 잠 못 이루고 있는데 얼큰히 취한 남편이 매운 순대볶음을 사 들고 와 먹으라 했다. 가뜩이나 속이 쓰려 미치겠는데 누구 죽일 일 있나 싶었다.

　셋째는 입덧이 덜했다. 남편이 추간판탈출증으로 서울에서 입원해 치료받아야 해서 나도 두 아이를 친정에 맡기고 수발하느라 정신이 없었다. 남편이 퇴원하자 그날부터 다시 토했다. 그래도 두 딸보다는 훨씬 수월했다. 정신이 다른 데 팔려 있으니 입덧할 겨를이 없었나 보다. 남편 말도 일리가 있는 것 같다.

그렇게 끝날 것 같지 않던 입덧은 두어 달 고생하면 몸도 편안해지고 입맛도 돌아왔다. 그때부턴 없어서 못 먹을 정도가 됐다. 배가 불러오는 만큼 늘어난 식욕은 만삭이 되자 또다시 가벼운 입덧을 데려왔다. 이번엔 입맛은 있는데 먹고 나면 몸이 부대꼈다. 입에 신물이 고이고, 속이 메슥거렸다.

입덧이 무서워 다신 애기를 못 낳겠다면서도 아이 셋을 낳았다. 그렇게 힘든 과정을 견디면서도 제대로 된 대접을 받지 못했다. 간혹 주위에서 임신했다고 왕비처럼 떠받들어지고 먹고 싶다는 음식은 물불 안 가리고 사다 준다는 얘기를 들으면 슬며시 화가 난다. 또 남편이 대신 입덧한다는 얘기를 종종 듣는데 얼마나 아내를 사랑하면 그러나 싶어 마냥 부러웠다. 왕비 대접은 아니더라도 사랑을 담은 말 한마디라도 건네 주었다면 좋았을 것이다.

다정과는 거리가 먼 것 같은 남편이 지금은 많이 변했다. 곧잘 나를 배려해 주는 마음이 전해진다. 가끔 농담 삼아 넷째 얘기를 한다. 물론 불가능한 일이긴 하지만, 만약 늦둥이를 갖는다면 남편은 내 입덧에 과연 어떤 반응을 보일까?

하룻밤만 재워 주세요!

'남자만 있을 것, 텐트는 커야 할 것'이라는 조건을 생각하면서 예리한 눈빛을 날렸다. 이곳저곳에서 저녁을 준비하는 소란스러움이 야영장을 가득 메우고 있었다. 그 와중에서도 유달리 조용한 곳이 눈에 들어왔다. 그리고 텐트도 커 보였다. 방망이질하는 가슴을 애써 억누르며 조심스레 다가갔다. 역시 내 예감은 정확하게 맞았다. 건장한 남자 두 명이 저녁을 준비해 두고 있었다.

"저, 하룻밤만 재워 주세요!" 밖에 있던 남자가 뜻밖의 손님에 당황해하더니 안에 있던 일행에게 의견을 물었다. 그런데 대답은 의외였다. 재워 줄 수 없다는 것이었다. '세상에 무슨 이런 일이? 여자가 재워 달라는데.'

여름휴가에 친구 두 명과 지리산에 올랐다. 첫날은 노고단 산장에서 자고 이틀째 산행을 시작했다. 난 벌써 다섯 번째인데 친구들은 처음 타는 것이었다. 그래서 목적지인 세석산장까지 가는 데 차질을 빚었다. 해는 벌써 넘어가고 어둠이 스멀스멀 찾아 들었다. 여자 셋이서 작은 손전등 하나 의지하고 가기에는 거리도 너무 멀고 무서웠다. 때마침 중간에 야영장이 있어 거기서 잠자리를 얻기로 했다. 그런데 보통 남녀가 같이 놀러 오면 다른 여자들이 끼는 걸 달갑지 않게 여기기에 남자들끼리 온 팀을 골랐던 것이다.

그런데 막상 거절을 당하고 보니 멍해졌다. 설마 했는데, 낭패다. 어찌할지 몰라 그냥 멍하니 쓴웃음만 짓고 있는데 그 남자가 "저녁은 먹었어요?" 한다. 식사 전이면 같이 먹자고 했다. 일단 저녁부터 해결하자고 눌러앉았다. 그 사람들은 애초에 산행하려고 온 게 아니고 계곡에서 놀려고 왔다가 어찌하여 올라왔다고 했다. 그런데 갑자기 무리해서 근육에 이상이 생겨, 두 다리 쭉 펴고 자야 하기에 그런다는 것이었다. 그러면 우린 한쪽에 앉아 있기만 할 테니 제발 이슬만이라도 피하게 해 달라 사정했다.

그렇게 우린 잠자리를 얻었다. 그 남자의 친구가 가장 안쪽 자리에 눕고 그 남자가 그 옆에, 그리고 나와 친구들 순으로 누웠다. 별빛이 희미하게 들이치고 풀벌레 소리만이 들리는 고즈넉한 산중의 밤에 낯선 남자 옆에 누웠는데 잠이 올 리 만무했다. 산에 다니는 사람들은 서로 믿고 의지하기에 용기를 냈지만 불편한 마음은 잠을 쫓아 버렸다. 좁은 텐트에서 뒤척이지도 못하고 숨소리조차 내지 못한 채 새벽을 맞이하고 있었다. 그런데 갑자기 그 남자의 손이 덥석 내 손을 잡았다. 순간 심장이 멎는 것 같았다. 다행히 잠결인 것 같아 슬그머니 손을 뺐다.

다음 날 아침, 우린 하룻밤을 같이 보낸 인연으로 자연스럽게 동행을 했다. 도중에 내 친구 한 명이 도저히 산행을 계속할 수 없다며 내려간다고 했다. 혼자 보내는 게 영 불안했지만 우린 마저 정상까지 가기로 했다. 발걸음이 빠른 나는 자연스럽게 그 남자와 짝을 이뤄서 앞장섰고 그 남자 친구와 내 친구는 뒤로 처졌다.

점심을 먹고 다시 장터목산장을 향해 가는데, 갑자기 비를 만났다. 미처 대비하지 못한 탓에 고스란히 젖어 몹시 추웠다. 뒤늦게 도착한 친구 때문에 텐트 치는 게 늦어졌다. 겨우 짐을 풀고 들어앉았는데 내 친구와 그 남자 친구는 정상에 다녀오겠다고 나갔다. 이가 딱딱 부딪힐 정도로 추워서 버너를 켜고 있었지만 소용이 없었다. 난 추우면 수족냉증 때문에 손가락이 파랗게 죽는데, 두 손이

꽁꽁 얼어붙어 어찌할 바를 몰랐다. 그래서 큰마음 먹고 자고 있는 그 남자를 깨웠다. 손 좀 주물러 달라는 요구에 그 남자는 싫다고 했다. 그리고는 돌아누워 자 버렸다. 정말 민망하기도 하고 부끄럽기도 하고, 뭐 저런 남자가 있나 싶었다. 그렇게 씩씩거리고 있는데 멋모르는 두 친구가 돌아와 의미심장한 웃음을 보냈다. 일부러 늦게 왔다며.

그렇게 이틀 밤을 함께 보내고 우리는 헤어졌다. 나는 서울로 그 남자는 목포로 떠났고 같이 찍은 사진 몇 장만 남았다. 우수에 젖은 그 남자의 표정에 없는 모성애가 발동했다. 그 옆에서 내가 지켜야만 할 것 같았다. 그 사진이 연이 되어 연락하게 되고 우리는 장거리 연애를 시작했다. 편지와 삐삐, 지금은 잊힌 도구로 간절함을 전했다. 어느 날은 심야 고속버스를 타고 목포에 왔는데 '서진룸살롱' 사건으로 목포가 뉴스에 오르내리던 때라 터미널에 어슬렁거리고 있는 사람 모두 깡패로 보여 너무 무서웠다.

그 남자가 지금 내 옆에서 자고 있다. 주위 사람들은 내게 말한다. 내가 남편을 유혹했다고. 어디 여자가 처음 본 남자에게 재워 달라, 손 좀 주물러 달라고 하냐고. 하지만 난 절대 아니라고 손사래를 친다. 왜냐면 산을 좋아하는 사람이라면 누구든 그런 처지에선 그럴 수 있다고 생각하기 때문이다.

  이 글을 쓰고 있자니 꼭 다시 남편과 그곳에 가고 싶다. 오붓하게 텐트에 누워 쏟아지는 별빛도 맞아 보고 벌레 소리도 들으면서 추억을 꺼내 보고 싶다.

은행집에 세 들다

내 손으로 집을 구하러 다닌 적이 없었다. 결혼 전에는 늘 함께 사는 언니가 집을 구하고 이사까지 마치면 난 퇴근하고 새집으로 갔다. 영화 〈기생충〉에서처럼 지하 방에 살다가 물난리도 겪었고, 다닥다닥 붙은 판자촌 같은 곳에서는 바로 머리맡 윗집(교회)에서 새벽 통성기도 하느라 방바닥을 두드리며 울부짖는 소리를 들어야만 했다. 그렇게 수없이 이사하며 돌아다니던 서울살이를 끝내고 결혼하며 목포로 왔다.

목포에도 아파트가 있느냐는 질문을 들었다는 후배의 말이 정말인 것 같은 생각이 들 정도로 흔하지 않은 아파트에 전세 2600만 원(1997년 당시)으로 둥지를 틀었다. 큰딸을 낳고 이사한 두 번째

집에서 둘째와 셋째를 낳고 또 다른 집을 구해야 했다. 갓난 아들을 등에 업고 방을 구하러 나섰는데 시세보다 싼 집이 있었다. 등기부 등본을 떼어 보니 500만 원이 저당 잡혀 있었다. 설마 그 돈 때문에 무슨 일은 생기지는 않겠지 하며 덜컥 계약했다.

　아이들과 지지고 볶으며 몇 년을 살았을까? 어느 날 법원에서 등기가 날아와 주인에게 말했더니 아무 일 없을 거라고 그냥 일축해 버렸다. 아무래도 수상쩍어 남편이 주인을 만났는데 거기에 대해선 별말은 안 하고 오히려 20만 원만 꿔 달라고 했다고 한다. 일이 터지고 나서야 들은 말이었다. 그렇게 집은 흔적도 없이 날아갔다.

　땡전 한푼 없어 고스란히 빚으로 경매를 받았다. 그때 그 아파트 분양가가 6500만 원이었는데 우리는 몇 년이 지난 집을 7500만 원을 들여 산 꼴이 되었다. 이자가 꽤나 높던 시절이어서 이자만 갚는데도 허리가 휘었다. 박봉인 남편의 월급으론 아이들 셋 키우기도 버거운데 저축해서 빚을 갚는다는 것은 언감생심이었다. 빚은 그대로 우리 곁에 머무는 그림자처럼 함께했다. 그렇게 그 집에서 도배 한번 하지 않고 17년을 살았다.

　시간의 흔적처럼 살림살이도 늘고 아이들도 커서 비좁고 낡은 집에서 도저히 살 수가 없었다. 날마다 이사 타령을 해도 남편은 묵묵 부담이었다. 그럼 도배라도 해 보자고 설득했지만 내 입만 아팠다. 살림살이를 두고 도배한다는 것도 사실 엄두를 낼 일은 아니었다. 이대로는 도저히 견딜 수 없다는 이사 욕구가 극에 닿자, 다른 이유로 부부싸움을 한 것을 기회로 삼아 결국은 협박으로까지 이어져서야 결정이 났다. 나도 딱히 대책이 없어 겁은 났지만 눈 딱 감고 밀어붙였다.

  손에 쥔 것은 쥐뿔도 없이 이사하려니 막막했는데 부동산 담보 대출이 동아줄처럼 내려왔다. 매매가의 90퍼센트를 30년 분할 상환 조건으로 대출받았다. 다달이 내야 하는 원금을 줄이려면 길게 잡을 수밖에 없었다. 그렇게 잡은 동아줄은 어이없게도 내 지분은 화장실 한 칸이고 나머지는 은행 것이라는 사실을 뼈아프게 인정하게 했다. 또한 여든이 넘도록 죽어라 일해야 한다는 말이기도 했다. 나는 여태껏 뭐하고 살았는지 후회가 일었다.

  이사할 집은 오래된 아파트이긴 하지만 비교적 깨끗했다. 하지만 또 여기서 떠날 일이 없을 것 같기에 이사할 때 그냥 미리 고쳐서 살자는 심산으로 인테리어에 손댔다. 하지만 내가 상상하던 그림은 돈에 막혀 제대로 그려지지 않았다. 이것저것 끌어모아 거금을 들여 고쳤지만 별로 티가 안 났다. 그래도 깨끗하고 너른 집은 내게는 궁궐이었다. 처음에는 게으른 나도 힘껏 쓸고 닦고 하면서 새집의 기쁨을 누렸는데 이사한 지 5년이 지난 지금은 예전 집처럼 비좁고 지저분해졌다. 이사하면서 버린 것보다 많이 채우고 살고 있었다.

새 아파트가 우후죽순으로 생겨나고 멋진 집을 보면 또다시 이사의 유혹이 똬리를 튼다. 또 요즘에는 세컨하우스(second house)가 유행하니 나도 허름한 집이라도 한 채 갖고 싶다. 텃밭이라도 가꿀 수 있는 농막이라도 한 칸 있다면 좋겠다는 생각을 떨치기가 힘들다. 정원이나 텃밭을 가꾸며 사는 게 내 오랜 꿈이었다. 강진 친정집이라도 남아 있었다면 언젠가는 이룰 수 있는 꿈이지만 이제는 불가능하다. 아직도 은행집에 세 들어 살고 있는데 난 또 왜 이리 철없는 생각을 할까? 미련하다.

대화가 필요해

"12월 14일까지 '대학의 대'자도 꺼내지 마!" 고3 아들이 칼날처럼 날카롭게 쏘아붙였다. 수능을 며칠 앞둔 심정이 오죽하랴 싶기도 하고, '어째 꼭 말하는 모양새가 그럴까?' 하는 탐탁스럽지 않은 마음도 들었지만 꾹 눌러놓았다. 전날 인천대학교 최종 발표가 있었다. 본인은 하향 지원해 안정권에 보험 든다는 마음으로 원서를 넣었는데 그만 예비 번호를 받았다. 그래서 저녁을 먹으면서 이런저런 말끝에 기분이 우울한 아이를 달래려고 남편이 대학 얘기를 꺼냈더니 그런 것이다. 그럴 땐 정말 피는 못 속인다는 말이 맞는가 싶다. 말하는 본새가 성마른 것이 어쩜 그리 판박이일까!

남편은 소위 절대로 결혼하지 말라는 조건들을 두루 갖춘 사람이었다. 비(B)형 남자는 성질이 강퍅하다더니 대체로 감당하기 어려운 성격이었고, 젊은 홀어머니의 장남이라 서슬 퍼런 시집살이는 버거운 짐이었다. 모전자전이랄 수밖에 달리 표현 방법이 없었다. 내가 느끼기에 남편과 시어머니는 성격이 매우 독단적이어서 항상 본인 주장만 옳다고 여기는 사람이었다. 연애 기간도 짧았지만 멀리 떨어져 있다 보니 애틋한 마음만 커서 다른 것들이 눈에 들어오지 않았다. 이성적으로 판단하지 못하고 그야말로 콩깍지 제대로 끼어 결혼했다.

 험난한 결혼생활을 예고하는 우여곡절 끝에 결혼식을 올리고 신혼여행을 다녀오면서 일이 생겼다. 4박5일 여정으로 서울 친정까지 들렀다 오는 거였다. 시어머니의 태도가 심상치 않게 냉랭했다. 절도 받지 않았다. 가시방석 같은 나날들의 시작이었다. 나중에 뭔가 심사가 꼬였을 때 "니가 속이 있으면 혼자 애쓰는 시엄씨 생각해서 얼른 집에 가자고 했어야지 실컷 놀다가 와야?" 하며 심하게 역정을 냈다. 그야말로 뒤통수 맞은 기분이었다. 결혼식 다음 날 출발했고, 또 남편이 오는 길에 친정집까지 들러서 온다고 분명히 말씀드렸다. 또 어머니가 건강이 안 좋은 것도 아니니 크게 신혼여행을 단축해서까지 돌아올 일이 있었던 게 아니었다. 그냥 남편과 함께 가게를 운영하는데, 문을 여닫는 데 많은 물건을 넣다 뺐다 하는 일만 당신 혼자 힘으로 해야 한다는 것뿐이었다. 물론 혼자서 고생했을 것이다. 그렇지만 도무지 이해하기 힘들었다.

남편과 시어머니는 그야말로 상극이었다. 같은 극끼리는 밀어내는 것처럼 두 사람의 성격이 똑같아 사사건건 부딪쳤다. 그런 와중에 내가 끼어들어 사태가 더 복잡하게 꼬이는 지경이 되어버렸다. 모자간에 소통이 전혀 안 되었다. 아버지 안 계시는 집안의 장남인데도 모든 일은 어머니 손에서 해결됐다. 의견을 듣거나 통보하는 일도 일절 없었다. 무려 집을 짓는 일까지 어떠한 것도 묻지 않았다. 내가 시댁 일을 물으면 남편의 대답은 거의 "모른다."였다. 모자 사이가 맞나 싶을 정도로 두 사람의 간격은 무엇으로도 메꾸기 힘들었다. 시어머니는 두 사람 사이에 내가 가교 역할을 하기를 내심 바랐는지도 모른다. 하지만 마음에 안 드는 며느리는 당신의 속을 터지게 할 뿐이었다. 피해 의식에 사로잡혀 상상도 못 할 일방적인 꾸지람만 할 뿐이었다. 안 그래도 며느리에겐, 존재 자체만으로도 어렵기만 한데 거기에 무섭기까지 한 시어머니와는 도무지 대화가 안 되었다. 그래서 나는 그만 입을 꾹 다물어버렸다.

나 또한 무뚝뚝한 성격이어서 남편과도 별로 좋지 않았다. 다감 다정할 것 같았던 남편은 삐지기도 잘하고 불같이 화도 잘 냈다. 표현력도 서툴러서 속마음을 잘 내보이지 않았다. 싸울 때마다 입을 다문 만큼 오해도 생기고 감정도 쌓여 갔지만 서로 지혜롭게 대처하지 못했다. 시어머니와 남편 두 사람을 바라보면 이중으로 두꺼운 벽을 마주 대하듯 답답했다.

수더분한 큰아이를 빼고 둘째와 셋째도 제 아빠 성격을 그대로 닮아 대화가 힘들었다. 조금이라도 본인에게 쓴소리를 할라치면 받아들이려고 하지 않았다. 언성부터 높아지기 일쑤여서 그냥 내가 입을 다물어 버린다. 온몸이 가시투성이 선인장 같다. 말이라는 게 화가 나면 독이 되어 서로에게 상처만 입히는 일이라 내 속이 썩어 문드러지더라도 그냥 여기서 끝내는 게 좋을 것 같다는 판단이 서기도 한다. 어쩌면 내가 더 상처를 받을까 봐 두려웠기 때문이었으리라.

세월이 흘러간 만큼 이제는 서로 말을 안 해도 어느 정도 이해하고 배려하려고 애쓴다. 둘째도 외지에서 학교 다니다 보니 조금씩 성격이 변해가고 있다. 가족과 함께하는 시간이 부족한 만큼 전화나 메시지로 곧잘 이야기를 나눈다. 때론 말로 하기 힘든 이야기도 글로 표현하기가 더 쉽기 때문일 것이다. 남편과도 여전히 서툴지만 예전보다 이야기를 많이 나눈다. 이제 곧 두 사람만 남을 텐데 적막한 시간을 행복하게 보내려면 더 많은 대화가 필요하겠다.

주류와 비주류가 사는 법

난 비주류다. 사회, 경제적으로도 그렇지만 술을 마시지 못한다는 점에서도 그렇다. 어릴 적 막걸리 사러 고개 넘어 점방까지 다녀오려면 손에 들린 주전자가 만만치 않았다. 홀짝거리다 보면 어느새 다리의 팍팍함도 막걸리의 무게도 잊어버린다. 그 어린 날의 치기가 어디로 갔는지 술 한 모금 마시지 못한다. 아버지의 유전자도 받지 못했다. 엄마가 만들어 준 단술도 많이 마셨는데 그 덕(?)을 보지 못했다.

그래도 막걸리는 마실 줄 안다고 장담했다. 언젠가 지리산에 갔다가 거기서 만난 사람들과 하산주를 마셨다. 남원으로 오는 버스에다 실례까지 하고 서울에 어떻게 올라갔는지 기억에 없다. 일주일 동안 숙취로 고생했다. 그 뒤로 막걸리는 쳐다보지도 않았다. 소주도 그렇다. 자주 마시면 술이 는다고 해서 남자 직원들 술자리에 열심히 따라다녔는데도 마찬가지였다. 속이 쓰리고 머리가 아파 도저히 마실 수가 없다. 남들은 땀 흘리고 나서 마시는 맥주 한 잔이 최고라는데 난 도무지 그 맛을 모르겠다.

아버지 빼고는 술을 즐겨 하지 않는 집에서 시집와 보니 시댁은 전혀 달랐다. 술 못 마시는 사람이 없었다. 술자리가 마련되면 난 한쪽으로 물러나 앉아 있었다. 시아버지가 술 때문에 일찍 돌아가셨다고 했는데 반면교사로 삼기에는 부족했던 모양이다. 남편은 술고래였다.

남편의 술에 얽힌 일화들은 책 한 권을 써도 모자란다. 처음에는 그냥 술을 좋아하는 정도라고 생각했다. 장거리 연애하느라 그냥 다 좋기만 했다. 결혼 초에 김치찌개만 있어도 안주가 좋다며 마시는 걸 애교쯤으로 여겼다. 한 달에 두 번 쉬는 날은 조기 축구 하러 새벽부터 나가면 날이 저물어서야 고주망태가 되어 들어왔다. 그때는 타향이라 아는 사람 하나 없이 지내 쉬는 날만 기다렸는데 오롯이 과부가 된 느낌이었다. 친구와 술을 좋아하는 남편 때문에 신혼의 달콤함을 느낄 새가 없었다.

어릴 때 동네에서 "쨍하고 해 뜰 날 돌아온단다."를 마을 어귀부터 불러 젖혀 당신의 음주 사실을 온 마을에 알렸던 아저씨부터 술만 마시면 부인을 때려 도망다니게 했던 친구 아버지까지 다양한 부류의 사람들 주사를 보며 컸다. 폭력과 폭언이 없는 아버지였지만 술 때문에 애간장이 녹았던 엄마는 술 마시는 사람하고는 절대 결혼하지 말라고 했는데 어쩌다 보니 술독에 빠진 남자를 만났다.

남편의 주사는 딱히 없다. 하지만 나를 노심초사하게 만드는 데는 선수다. 모임에서 남들보다 일찍 취해 비틀거리거나, 노래방에 가면 그 자리에서 잠들어 깨우기가 힘든 점은 그래도 약과다. 젊었을 때는 술 먹고 운전하는 것과 만취 상태면 화장실을 찾지 못하는 것이 주특기였다. 절대 하면 안 되는 그 나쁜 버릇은 고쳤다.

한번은 약속이 있다는 남편이 늦도록 들어오지 않았다. 차에서 잠들어버린 전적이 많아 혹시나 하고 지하 주차장에 내려갔는데 아뿔싸, 남편은 차 문은 열어젖혀 두고 차에 시동을 켜둔 채 잠들어 있었다. 그것도 지하 초입에 떡하니 길을 막고 있었다. 늦은 시간이라 다른 차들이 들어오지 않아 다행이었다. 그 경사진 곳을 후진해서 나가려면 욕깨나 했을 것이다. 호주머니에 그날 번 돈도 있을 텐데 그렇게 무방비 상태로 있다니 기가 찰 노릇이었다.

열심히 흔들어 깨워도 도무지 일어날 기미가 보이지 않았다. 얼른 주차해야 할 텐데 걱정이었다. 난 그때 운전을 하지 못했다. 할 수 없이 근처에 사는 남편 친구에게 도와 달라고 전화했다. 그사이 남편이 깨서 주차하려고 했다. 난 다른 차를 박을까 봐 누누이 말렸지만 말을 듣지 않았다. 주차장에는 빈 공간이 남아 있지 않았는데 용케도 경차 전용에 커다란 승합차를 넣었다. 머리끝까지 화가 치밀어 올랐지만 기가 막힌 운전 솜씨에 헛웃음만 나왔다.

또 한번은 친구들 모임에 나간 남편이 들어오지 않았다. 두 달에 한 번 서울에서도 내려오는 친구들이 있어 늦게까지 노는 건 말리지 않는데 일요일에도 출근해야 해서 못 일어날까 봐 걱정이었다. 예전에 숙취로 늦게 출근해 시어머니한테 하루 종일 싫은 소리를 들어야 했고 그 파장이 나한테까지 온 적이 있어 남편이 과음하면 바짝 긴장하는 버릇이 있었다. 그날도 이제나저제나 언제 들어오나 초조해하며 기다리는데 전화마저 받지 않았다. 화가 치밀어오르면서도 남편이 걱정되었다. 몇 번 만엔가 겨우 통화가 됐는데 집 앞이라며 금방 들어온다고 했다. 그렇지만 그것으로 끝이었다. 또 차에서 잠들었나 싶어 새벽이라 아들을 대동하고 지하 주차장을 살폈는데 없었다. 상가와 아파트 주변도 뒤졌다. 도대체 집 앞이라고 했는데 어디로 사라졌다는 말인가? 또 전화통을 붙잡고 씨름하는데 어떤 여자가 받았다. 남편이 많이 취해 도롯가에 있다는 것이었다. 어디냐고 묻기도 전에 전화가 끊겼다. 아들은 경찰서에 신고하자고 했다. 아무리 그래도 남사스럽게 술 취한 남편 찾아달라고 어떻게 신고하냐고 하면서 공원을 지나 큰길까지 나가 봤지만 허탕이었다. 포기하고 집에 들어오는데 아파트 현관 앞에 경찰차가 와 있었다. 뜻밖에도 남편이 거기에서 히죽거리고 있었다. 기가 차서 말문이 막혔다.

아들 앞에서 추태를 보였으니 제발 이젠 술 좀 줄이라고 해도 여전히 남편은 하루도 빠지지 않고 주(酒)님을 모신다. 가끔 술 마시다 앉아서 꾸벅꾸벅 졸기도 한다. 영락없이 머리를 조아리며 간절히 기도하는 것 같다. 들어가서 자라고 깨우면 안 잔단다. 술 아직 덜 마셨다고 혀 꼬부라진 소리를 한다.

고단한 하루를 끝내고 술 한잔하는 걸 막지는 않는다. 다만 365일 가운데 366일을 마시는 것은 해도 너무하지 않은가? 간이 주인 잘못 만나 고생한다. 친정의 두 언니는 어떻게든 남편 술 좀 줄이게 말려 보라지만 그게 말이 통하지 않는다. "그렇게 술 많이 마시면 알코올성 치매에 걸려. 지금도 한 말 또 하고 또 하면서 어쩌려고 그래? 치매 걸리면 요양원에 넣어 버릴 거야. 나도 애들하고 먹고 살아야 하니까 자기 돌볼 여력 없어. 알아서 해!"라고 엄포를 놔도 소용없다. 내 입만 아프다 만다. 이제는 포기다.

오늘 몇 달 만에 외식했다. 큰딸과 죽이 맞아 주거니 받거니 한다. 술친구가 한 명 있으니 그저 좋은가 보다. 술병이 늘어간다. 참다못해 "이번 글쓰기 주제가 술인데 자기 흉 많이 볼 거야." 했더니 남편 왈 "아마 다 이해할 걸." 하며 웃는다.

"어이구, 내가 못 살아."

70년

 지리산에서 남편을 만났다. 산이 좋아 그곳에서 만난 사람과 결혼하고 싶다는 소망이 이루어졌다. 만난 지 6개월 만에 결혼해서 26년을 살았다. 파란만장한 시간이 눈 깜짝할 새에 흘러갔다. 한동안 이혼 서류를 써 놓고 살았다. 보따리도 여러 번 쌌다. 결혼생활의 결론은 '내 발등 내가 찍었다.'였다.
 남편은 성실한 사람이다. 1년 365일, 비가 오나 눈이 오나 새벽같이 출근해 밤늦게 들어온다. 싸우면 "내가 노름을 했어? 바람을 피웠어? 돈을 안 벌어다 줘?" 하며 되뇌는 말처럼 이제껏 딱히 잘못한 것은 없다. 그 틀에서 본다면 틀린 말은 아니다. 시장에서 기물가게를 하기 때문에 한 달에 한 번 쉬는 날도 명절 대목이나 김장철 같은 특수에는 지키지 못한다. 결혼하고 줄곧 변함이 없다. 이름이 '영광 만물 상회'이니 없는 것 빼고 다 있다. 처음에는 시어머니 밑에서 일하다가 지금은 혼자 맡아서 한다. 물론 시어머니가 사업자 등록증까지는 내어 주진 않았고 옆에서 채소 가게를 하며 감 놔라 배 놔라 하신다. 당신이 일군 일터이니 쉽게 물러나지 않는다. 월급쟁이 생활할 때는 장사가 잘되었는데 지금은 파리만 열심히 날린다. 이제 와 가게를 정리하려고 해도 이미 나이도 많은데 마땅한 게 없다. 배운 게 도둑질이라고 달리 방도가 없다. 버젓이 옆에 시어머니가 계시는데 우리 입맛대로 바꿀 수도 없는 노릇이다.

  나이 들어 남편과 시간 보내는 사람들을 보면 부럽다. 늦게 결혼해서 남들보다 아이들이 어린 탓도 있지만 그놈의 가게 때문에 아무것도 하지 못한다. 여행은 고사하고 친정집의 대소사에 제대로 참석하지 못했다. 친척들 앞에서는 늘 바빠서라는 말로 대충 넘어가지만 부모님과 형제들 볼 낯이 없었다. 특히 먼저 간 작은오빠의 장례식조차 참석하지 않았다. 죽을 때까지 잊지 못할 깊은 상처를 남겼다. 남편과 싸우면 나에게 잘못한 점만 고스란히 떠오른다. 독박육아뿐만 아니라 매운 시집살이 등 꼬리에 꼬리를 무는 기억들이 나를 괴롭힌다. 거기에 남편의 욱하는 성격도 한몫했다. 하루가 멀다 하고 시어머니와 부딪치고 그 여파는 나에게 미쳤다. 안팎으로 시달리는 일이 많았다.

남편은 취미가 있어도 시간이 없어 즐길 수 없는 사람이지만 축구는 좋아한다. 어릴 적 축구 선수로 제안받았는데 시어머니가 행여 굶고 살까 봐 반대했다고 했다. 그게 한이 되었는지 조기 축구에 푹 빠져 있었다. 신혼 때는 쉬는 날 새벽에 나가면 해가 지고 나야 고주망태가 되어 나타났다. 내가 과부냐고 싸워도 봤지만 소용없었다. 한번은 월드컵 경기를 보는데 아이가 칭얼거리자 의사가 먹이지 말라는 우유를 주라고 하는 바람에 실랑이 끝에 큰 싸움으로 번지기도 했다. 지금은 허리 디스크 수술을 두 번이나 한 뒤라 그 좋아하는 공은 차지 못한다. 한동안 사는 낙이 사라졌다고 우울해했다. 그런 남편을 생각하면 안쓰럽다. 평생 가게에 갇혀서 몸이 아파도 쉬지도, 선뜻 병원에 가지도 못한다. 가게를 비울 수도 없고 또 문을 닫으려면 앞에 펼쳐 놓은 물건을 치우는 데 한 시간은 족히 걸리기 때문이다.

우스갯소리로 부부는 로또라지만 너무 안 맞는다. 상이하게 다른 환경에서 자라고 성격도 차이가 나는데 맞을 리가 없다. 깔끔하고 정리 정돈을 잘하는 남편과 그렇지 못한 나는 그런 점부터 티격태격이었다. 남편 퇴근 시간이 되면 마음이 불안했다. 널브러진 집안 꼴을 보면 한소리 할 게 뻔했기 때문이었다. 그렇게 날 세우던 성격이 이제는 나에게 동화되어 발길에 물건이 차여도 그러려니 한다. 아직도 이해가 안 될 정도로 첨예하게 의견이 달라 조율하기 쉽지 않고 독불장군 같은 성격도 여전하지만 어느덧 조금씩 서로 닮아가고 있었다. 굳이 이해시키려 하기보다는 그러려니 하고 넘어가기도 한다. 아이들에게 하소연하면 "아빠가 그런 사람이니 그냥 엄마가 참아."라고 한다.

 우리 아버지와 엄마는 스물넷과 열아홉에 만나 70년을 해로했다. 두 분 다 아흔넷에 가셨다. 결코 알콩달콩하게 살지는 않았다. 때로는 원수처럼, 때로는 소 닭 보듯 했다. 평생 가난에 허덕이며 무능한 남편 대신해 여장부로 살아야 했던 엄마의 그 시간에 비하면 난 아무것도 아니다. 그래도 돌아가시기 얼마 전부터는 끔찍하게 아버지를 챙겼다. 70년 세월이 그냥 있는 게 아닐 것이다. 4~50년을 산 사람들에게는 아직도 멀었다고 하겠지만 나름 이젠 위기를 넘긴 것 같다. 남편이 제발 술 담배 줄여서 건강한 몸으로 나와 함께 즐기면서 살면 좋겠다. 우리 부모님처럼 70년 해로하려면 백두 살(?)까지 살아야 하는데 큰일이다.

보물이 오다

 누군가 해가 뜨면 폭염, 비가 오면 폭우, 바람 불면 태풍이라더니 올여름은 여러모로 정신을 쏙 뺐다. 여기저기서 터져 나오는 한숨 속에서도 난 무탈하게 살고 있고 어느덧 여름은 자리를 내어 주며 계절은 순항하고 있다. 이제는 '뚜렷한 사계절'이라는 말이 사라질 지도 모른다고 했는데 어느 날 갑자기 찾아온 가을을 보면 그래도 계절은 신기하게도 제 역할을 하고 있구나 싶다.
 더위가 한창인 8월쯤에 귀촌한, 동료의 언니 집에 구경 삼아 잠깐 들렀다. 귀촌해서 사는 게 꿈인 나는 정원이 딸린 집을 보면 한동안 거의 몸살을 앓는다. 형편이 안 된다는 걸 아니까 더 간절하다. 그 날도 비는 촉촉이 내리는데 한적한 시골 마을 외진 곳에 그림처럼

자리 잡고 있는 집에 마음을 빼앗겼다. 미리 연락도 하지 않고 비 오는 날 불쑥 찾아온 불청객에게 주인장은 맛있는 차 대접까지 잊지 않았다. 거기에 두 마리의 애완견이 정신없이 반겼다.

　이제 갓 석 달도 안 된 아기와 어미가 장난치며 놀고 있는 걸 보니 나도 모르게 웃음이 묻어났다. 그걸 보더니 일행들이 가장 행복한 표정이라고 나를 부추겼다. 유난히 내 주위를 맴도는 아이를 보고 주인도 데려다 키우란다. 어미가 방충망을 뚫고 나가 일을 저질렀다고 했다. 시골에서 키우니 밖에 나가면 진드기가 물어서 여러 마리를 키울 수 없다고 했다. 밖에도 대형견이 두 마리나 있었다. 다 분양하고 한 마리만 남았다고, 정말 예쁘니까 키워 보라고 했다. 난 강아지가 예쁘기는 하지만 내키지 않았다. 아이들이 여러 번이 졸랐지만 "비염이 있어서, 돈이 많이 들어서, 돌보기가 힘들어서"라는 핑계를 대며 반대했다. 그리고 난 아직 반려견보다는 애완견이라고 말하는 사람이었다.

　어쩌다 보니 아이는 벌써 내 품에 안겨 있었다. 울지도 않고 얌전히 하루 종일 나와 함께했다. 전 주인은 분양할 생각으로 이름을 지어주지 않았는데, 뱃속에서 꼬물꼬물했다고 '꼬물'이로 부르다가 '보물이'가 되었다고 했다. 우리 집에서 보물 같은 존재가 되고 앞으로 이름처럼 좋은 일들이 많이 생기라고 그냥 '보물이'로 부르라고 했다.

퇴근한 큰딸이 보물이를 보자 소리부터 질렀다. 순한 성격인지 보물이는 그저 좋다고 꼬리만 흔들었다. 동생들에게 알리면서 잠깐 북새통이 일었다. 물론 아이들은 좋아서 날뛰었지만 문제는 남편이었다. 남편도 동물을 사랑한다. 하지만 우리 집 형편에 키울 수 없다고 단호하게 말할 게 뻔했다. 아니나 다를까 말도 안 되는 소리라고 당장 돌려주든지 다른 사람에게 보내라 했다. 돈은 물론이고 강아지의 일생을 책임질 수 있느냐는 것이다. 아이 한 명 키우는 거나 마찬가지라는 것은 생각하고 있었지만 막상 겁이 나긴 했다. 생각지도 못한 질병이나 사고 또는 이웃에게 피해를 주는 행동 등에 대처해야 하는 여러 일을 사랑만으로 해결할 수 없다는 것은 각오해야 하는 일이긴 했다.

이미 엎질러진 물이었다. 아이들은 당장 보물이에게 필요한 용품들을 사들이기 시작했다. 멀리 있는 두 아이도 하나같이 택배를 보내왔다. 아이들이 너무 좋아하니 처음에는 '허허'하며 웃던 남편도 슬그머니 강아지에게 관심을 보였다. 아직 입에 익지 않은 이름을 어색하게 부르며 어느새 같이 놀아주고 있었다. 내 새끼들에게도

"아이고, 예쁜 내 새끼!" 해 본 적이 없는 무뚝뚝한 나조차도 예쁘다는 말을 입에 달고 있었다. 핸드폰 배경 화면도 보물이가 주인공이 되었다. 앨범도 식물 사진 다음으로 많아졌다. 딸과 난 안 보던 티브이 개 프로그램까지 섭렵하고 있었고 서울에 있는 작은딸은 강아지를 보려고 일부러 내려오기까지 했다.

정리 정돈이 잘 안 되는 우리 집은 보물이에게는 최고의 놀이터가 되었다. 거기에 강아지 용품이 쌓이고 보물이가 이것저것 물어다 놓은 것들로 더 정신이 없었다. 하지만 보물이를 교육시킨다고 호들갑을 떨거나 놀아주느라 야단스러워서 집은 예전보다 활기를 띠었다. 아직 대소변도 못 가려 외출했다 돌아오면 보물이가 영역 표시를 한 흔적을 찾아다녀야 했다. 그래도 아기여서 뒤치다꺼리는 할 만해 다행이었다. 집에 들어오면 정신없이 달려와 꼬리를 흔들며 떨어지지 않으려 하는 행동에 웃음이 절로 난다. 이런 맛에 개를 키우는구나 싶었다. 어쩔 땐 너무 좋아 오줌까지 지릴 정도여서 혼자 있게 한 게 안쓰럽기도 했다.

어느덧 보물이가 집에 온 지 5개월쯤 되었다. 그동안 예방 접종하랴, 아파서 병원 가랴, 이것저것 필요한 것들이 늘어나 사들이느라 정말 생각지도 않은 돈이 봇물 터지듯 지갑에서 흘러나갔다. 재롱만 피울 것 같은 아이가 이젠 미운 일곱 살처럼 하루가 멀게 사고를 치고 놀아 달라고 끊임없이 으르렁댔다. 밥도 잘 안 먹고 간식만 찾는다. 어느덧 자기가 집안의 주인공이자 1인자가 되어 있었다. 혼내면 금방이라도 울 것 같은 표정에 그만 사르르 녹아버리기 일쑤고 웅크리고 자는 모습에 짠하고 하루 종일 식구들 기다리느라 얼마나 외로웠을까 생각하면 미안하기도 했다.

  지금도 내 무릎에서 웅크리고 있는 모습을 보며 생각이 많아진다. 곧 시작될 생리가 걱정이다. 잔인하게 중성화를 시킬 것인가 아니면 자연의 순리를 따를 것인가 여러 가지 장단점을 생각하지 않을 수 없다. 반려 동물을 키운다는 것은 사랑이라는 미명하에 인간의 욕심을 채우는 행동인지도 모르겠다. 이 여름의 끝자락에서 한 생명을 책임진다는 것에 큰 무게감을 느낀다.

그림자 며느리의 추석 일기

명절이면 시장에서 그릇 가게를 하는 남편을 도왔다. 요즘에는 대목의 의미도 퇴색해 버렸지만 그래도 장사는 언제 손님이 붐빌지 모를 일이다. 남편과 같이 일하던 시어머니가 옆에서 채소 장사를 시작하면서 명절이 가까워지면 아무것도 모르는 나도 대단한 구원 투수가 된다. 손님이 오면 "뭘 찾으세요? 잠깐만 기다리세요."라면서 옆 가게로 가려는 발걸음이라도 붙잡는 역할을 한다.

제사를 시댁에서 우리 집으로 가져온 지 벌써 십여 년이 지났다. 가게에서 돌아와 늦은 오후부터 음식 장만하자면 발을 동동거려야 한다. 최소한 간소하게 차리긴 하지만 그게 어디 쉬운 일인가? 눈에 보이지 않는 일이 수북이 쌓여 있다. 아이들은 전 부치는 일만 끝나면 다일 거란 생각인지 "아이고! 죽겠다."며 손을 턴다. 처음부터 끝까지 전부 나 혼자 감당해야 할 몫이지만 그래도 더이상 시댁에서 언제 날아올지 모를 화살 때문에 불안과 초조에 시달리는 것보다 훨씬 낫다.

어릴 적 명절은 웃음소리가 끊이지 않는 활기찬 날이었다. 평소에 구경도 못 하는 과일과 떡 같은 음식을 먹을 수 있는 날이기도 했다. 물론 손님이 다 다녀간 뒤에야 우리 차지가 되긴 하지만 말이다. 언젠가 차례상에 고구마를 올릴 만큼 가난한 집이었지만 그래도 설레기만 했다. 추석빔이라도 기대하면 엄마 손은 실망을 가득 안고 왔다. "오늘 옷장시가 다 얼어죽어 버렸써야."는 엄마의 단골 대사였다. 엄마가 아는 모든 장사꾼은 어쩜 그렇게 시도 때도 없이 다 얼어죽는지 모르겠다.

엄마는 가난한 집에 시집와 고생한다고 큰며느리를 어려워했다. 아이들 학교 핑계 삼아 오지 않아도 서운한 내색을 하지 않았다. 예전에는 명절에 고향집에 가려면 고속도로에서 하루를 보내다시피 했다. 그러니 애들하고 고생스럽고 차 위험하니 오지 말라고 한다. 그래도 차 소리가 나면 문을 박차고 뛰어나갔다. 고생길이 훤하지만 자식 기다릴 부모님 생각에 안 갈 수가 없었다. 가끔 큰소리가 나기도 했지만 오랜만에 식구들이 모이면 왁자지껄 떠들썩하니 사람 사는 냄새가 났다.

결혼과 동시에 명절은 없어지면 좋을 날이 되어 버렸다. 막내딸의 처지에서 큰며느리가 되고 보니 의무만 잔뜩 짊어지게 되었다. 시댁이 같은 목포이고 심지어 시어머니는 남편과 함께 장사하고 있어서 자주 본다. 결혼 초에는 날마다 시댁으로 출근했다가 남편과 시어머니 점심 챙겨 주고 저녁에 퇴근했다. 가까이 살아서 그랬는지 부딪치는 일이 많았다. 어쩌다 보니 머리에서부터 발끝까지 마음에 드는 구석이라곤 하나도 없는 며느리가 된 나는 고양이 앞에 쥐 신세가 되었다.

내 어머니가 떠나시던 그달에 설을 맞았다. 또 무엇 때문에 화가 났는지 남편을 도우러 가게에 나갔는데 목소리에 냉기가 가득 찼다. 아니나 다를까, 명절에 식구들이 모인 자리에서 나에게 비아냥거리는 말들을 쏟아냈다. 가슴에선 뭔가 꿈틀거렸다. 내 눈치를 살피던 큰딸이 얼른 내 앞에 앉았다. 기어이 문을 박차고 나와 길거리에 퍼더앉아 내가 뭘 그리 잘못했냐고 울부짖었다. 아직 제대로 엄마를 보내지도 못했는데 설움이 폭발했다. 그걸로 명절의 끔찍하던 시간을 끝냈다. 그 뒤로도 시어머니는 추석에 아이들 앞에서 내 흉을 보는 바람에 손녀들도 잃었다.

　추석이 다가와도 이제는 마음고생 안 해 편안하고 느긋하지만 혼자서 바둥거릴 남편을 생각하면 미안하다. 아이들도 나름 바쁘고 남편 눈치도 보여 바람 쐬러 가기도 그렇고 해서 미뤄뒀던 청소를 하기로 했다. 평소 게으름을 발에 차이도록 거느리고 사느라 집이 엉망이었다. 식구는 늘고 일거리는 넘쳐났다. 재작년 다른 지역에서 대학을 졸업하고 돌아온 큰딸을 필두로 올해 휴학하고 내려온 작은딸, 그리고 전역한 막내아들까지 집안이 다시 북적거린다. 거기에 아이들과 함께 온 짐도 버거운데 끊임없이 날아오는 택배까지 더해 몸집을 불리고 있다. 가뜩이나 정리정돈과는 거리가 먼 나로서는 핑계가 먼지처럼 쌓였다.

　토요일은 좀 여유를 부리고 놀다가 일요일 아침 일찍 시장을 봐 놓고 집을 치웠다. 불필요한 것들로 가득 찬 냉장고 안은 음식물 쓰레기통으로 사라져야 할 것들이 넘친다. 환경을 오염시키는 일인 동시에 돈이 새는 지름길로 게으른 주부의 민낯이다. 부끄러움을 떨치듯 얼른 버리고 닦아서 냉장고를 비우고 여름 침구는 빨아서 널고 계절에 맞는 것으로 단장하고 화장실은 락스까지 뿌려가며 닦고 나니 하루가 갔다. 월요일 오전에 거실과 서랍까지 마저 치우고 오후부터 음식을 장만했다.

제발 조금씩만 만들라는 아이들의 당부도 잊고 또 선을 넘었다. 자극적인 인스턴트에 길들어진 아이들 입맛엔 전이나 나물이 맞지 않는다. 잘 먹는 건 갈비나 잡채인데 그나마 간단하게 한다고 올해는 잡채도 만들지 않았다. 먹지도 않을 음식을 차리고 치우느라 고생할 일인가 싶기도 하다. 상만 차리고 마는 것이 아니라, 나는 발길을 끊었어도 시댁에도 보내야 한다. 나물도 한 접시만 한다고 했는데 시장에서 파는 방식대로 사 와 보니 양이 많다. 허리 한번 못 펴고 지지고 볶고 치우고 나니 저녁 여덟 시다.

몸은 힘들었어도 그래도 제법 정리가 된 집이 나를 기쁘게 한다. 그리고 아무도 인정해 주지 않지만 이 집의 큰며느리로서 빠짐없이 제사상과 차례상 차리는 일을 또 하나 끝냈다는 안도의 한숨을 내쉰다. 이제 추석날 새벽에 일어나 상 차리고 산소 다녀오고 시댁에 음식 싸 보내면 내 일은 끝난다. 비록 그림자지만 며느리 노릇 하느라 고생했다고 스스로 다독인다.

제사 준비

시아버지 제사가 있었다. 간단하게 시장을 봐 왔다. 졸지에 막내 딸에서 큰며느리로 역할이 바뀌면서 제일 애먹는 일이 명절과 제사였다. 결혼 초에는 내가 하는 일은 전을 지지는 것이 전부였다. 시어머니는 새벽에 나물을 해놓고 일하러 간다. 시장에서 남편과 가게를 하고 있어서 명절 준비를 미리 해 놓는다. 손도 빠르고 음식 맛도 좋았다. 나와는 정반대였다. 난 결혼할 때까지 손끝 하나 까딱 안 해 할 줄 아는 게 거의 없었다. 물론 어려서부터 밥은 해 먹었지만 반찬은 엄마 몫이었다. 서울에서 자취하면서는 함께 사는 작은언니가 다 했다.

손끝이 야무지지 못해 늘 꾸지람을 받느라 명절이 죽기보다 싫었다. 하나부터 열까지 책잡혀 시어머니 앞에선 기를 펴지 못했다. 그러던 차에 집안에 일이 생겨 우리 집으로 차례를 옮겨오면서 자연스럽게 제사도 모시게 되었다. 시댁에 가지 않는 것만으로도 살 것 같았다. 시어머니는 우리 집에 오지 않는다. 어찌되든 내 요량으로 음식 장만하면 될 터였다. 그동안 음식 솜씨도 늘어 준비하는 것은 별일 아니지만 다만 문제는 나물을 맛있게 무치지 못한다는 것이었다. 조미료를 쓰지 않고 맛을 내려니 여간 어려운 게 아니었다. 특히 도라지의 쓴맛을 없애기가 힘들었다. 소금에 바락바락 주무르거나 삶아도 보았지만 특유의 맛은 잡지 못했다. 거기에 금방이라도 밭으로 돌아갈 것처럼 늘 뻣뻣하게 살아있었다.

고사리는 제대로 삶는 것이 관건이다. 어떨 때는 너무 안 삶아서 질기기도 했다. 탱글탱글한 게 적당한데 매번 이것을 못 맞춘다. 거기에 잘못하면 무슨 맛인지 알 수 없는 나물이 되기도 한다. 간을 맞추려고 간장을 계속 넣어도 고사리는 간이 안 배고 따로 논다. 제 아무리 들깻가루를 듬뿍 넣어도 아리송한 맛이다. 시금치도 마찬가지다. 도무지 정답을 찾지 못했다. 음식 잘한다는 말은 내 실체를 잘 몰라서 하는 소리일 게다. 못하는 것들이 정말 많은데 말이다.

언제부터 지인이 육수를 내서 나물에 쓴다는 말을 듣고 따라 해

봤다. 멸치와 뒤포리(밴댕이), 다시마 등의 재료를 넣고 푹 끓인다. 요즈음에는 시중에서 파는 육수 팩을 사용한다. 조금씩 맛이 달라졌다. 여전히 제일 어려운 게 도라지나물인데 오늘 제사에서는 성공했다. 천일염으로 박박 주물러서 물에 담갔다가 다시 한 번 더 해서 삶은 뒤에 볶았더니 부드럽고 쓴맛도 없어 맛이 있었다. 물론 도라지나물은 알싸하게 쓴맛에 먹는다지만 난 늘 너무 과했다.

생선도 문제였다. 제수용을 사다 쓰긴 하지만 값이 만만치가 않았다. 병어 한 마리가 보통 만 오천 원 정도였다. 제수용품은 홀수로 준비하다 보니 최소한 다섯 마리는 사야 한다. 시댁에서는 병어, 조기, 장대 등 세 가지를 상에 올렸다. 시어머니가 하던 대로 나도 따라 했다. 전이나 나물 등은 그때그때 내가 하고 싶은 것으로 하긴 하지만 그래도 보고 배운 대로 하려고 한다. 친정에서 하던 거와는 반대일 때도 있지만 그냥 그러려니 한다. 특히 우리 집에는 제사가 없었다. 그래서 제대로 된 제사상은 본 적이 없었다.

어느 날은 생선값을 아껴 보려고 생물을 사다 말리기로 했다. 누구한테 물어볼 생각조차 안 하고 덜컥 조기를 사 왔다. 햇빛 좋으니 그냥 그물망에 넣어 걸어두면 끝이라 생각했다. 결론은 그냥 다 썩혔다. 나중에 다른 사람에게 물어보니 하룻밤 선풍기 틀어놓고 다음 날 아침 꼬들꼬들해지면 냉동실에 넣으면 제일 괜찮다고 했다. 이번에 큰마음 먹고 다시 말렸다. 햇빛이 잘 들지 않는 뒷베란다에서 창문을 열어 두고 뒤집으면서 이틀을 말렸다가 냉동실에 넣었다. 다행히 이상야릇한 냄새는 나지 않았다. 소금에 오랫동안 절여 간이 좀 짜긴 했지만 성공했다. 그런데 조기는 그만 비늘을 제거하지 않은 실수를 저질렀다. 칼등으로 살살 걷어냈어야 하는데 그걸 몰랐다.

　27년 차 주부, 며느리로 살아오면서 그만큼의 명절과 제사를 지냈다. 시행착오를 겪으면서 요령도 생겼지만 이제는 좀 벗어나고 싶다. 그래서 지난 명절에는 남편에게 차례를 지내지 말자고 했더니 웬일로 흔쾌히 그러자고 했다. 며칠 전에 남편은 나에게 이번 제사도 안 지낼 거냐고 물었다. 난 차례상을 안 차렸다는 것을 깜빡하고 있었다. 얼굴 한번 뵌 적이 없긴 하지만 며느리 된 도리로 한다고 했다. 제사에는 목포에 사는 작은시누이네만 참석한다. 저녁까지 먹고 오기 때문에 따로 장만할 음식은 없다. 이젠 제사상 차리는 것은 일도 아니다. 힘들기는 해도 늘 혼자 해 왔기 때문이다. 그냥 시장에서 사 올 수도 있지만 그러면 제사의 의미가 사라진다. 난 오늘도 내 할 일을 다 했다.

여자가

 부모님은 우리 6남매를 별다른 성차별 없이 키웠다고 생각한다. 아들의 미래를 위해 희생을 강요하거나 아들만 특별히 예뻐하지는 않는 것 같았다. 물론 90세를 넘긴 엄마의 세대에서 일어날 수 있는 아들 사랑은 보였다. 하지만 어려서는 별로 느끼지 못했고 커서는 딸들 몰래 아들네로 쌀이라도 한번 팔아준다든가, 큰아들이어서, 막내여서 어쩐다는 등 그런 일들은 그냥 넘어갈 수 있었다. 비교적 남녀 차별에서 자유롭게 자란 나는 시댁도 장사하는 집이라 그럴 거라 생각했다. 그것도 시어머니는 시아버지가 안 계신 집안을 이끌어가는 가장이어서 마음을 놓았는지도 모르겠다.
 어머니는 '여자가'라는 말을 입에 달고 살았다. 사소한 일부터 열거하자면 끝이 없겠지만 상처로 남은 일들이 많았다. 명절이나 제사 등 부딪칠 때마다 매번 되풀이되는 단골 멘트였다. 한번은 아이들이 어렸을 때 경제적 도움을 얻고자 방문 도서 영업을 했다. 어느 주말 오후에 광주에서 교육이 있어 다녀와야 하는데 아이들을 맡길 곳이 없었다. 할 수 없이 막내시누이에게 맡기고 저녁 9시경에 돌아왔는데 시어머니가 잔뜩 화가 나 있었다. "여자가 남편이 10원을 벌면 10원으로 살림하는 게 여자지, 니가 벌면 얼마나 번다고 그렇게 돌아다니냐?"며 큰소리로 나무랐다. 그때 시누이는 광주에서 대학을 다니고 있었는데 주말에 집에 내려온 것이었다. 시어머니는 당신 딸이 쉬지 못하고 조카들한테 시달리는 것도 싫고, 내 아들의 벌이가 시원찮아 며느리가 돈 번다고 나서는 것도 자존심이 상해서 그러지 않았나 싶었다. 서운했지만 아무 말도 할 수가 없었다.

또 이번 설에는 올해 대학 3학년인 딸에게 애들 고모부가 술자리에 끼기를 바랐다. 술 한잔 받아 마시자 또 시어머니의 잔소리가 따랐다. "여자가 그렇게 술을 마시면 어떡하냐, 시골 여선생이 성폭행을 당한 게 왜겠냐."면서 불같이 화를 냈다. 순간 분위기가 싸해졌지만 시어머니 성격을 아는 식구들은 아무 말이 없었다. 정말 화가 머리끝까지 올랐다. 물론 술을 많이 마시면 불행한 일이 생길 수도 있으니 조금만 마셔야 한다는 할머니의 염려에서 비롯된 말일 거라고 생각하지만 비유가 너무 지나쳤다. 그게 왜 술 마신 여자 잘못이냐고 또 그런 여자는 모두 일을 당해도 된다고 생각하냐고 따져 묻고 싶었다. 남편은 이미 취기가 올라 있었고 좋은 명절 분위기 깨고 싶지 않아 꾹꾹 눌러 앉혔다. 결국 아이는 집으로 돌아오는 길에 눈물을 흘렸다. 당신과 당신 딸들도 마시는 술을 마셨다는 이유로 당한 서러움이 폭발했다.

나도 나이 오십 평생을 살면서 이런저런 크고 작은 일에 '여자가'라는 통념 속에 갇혀 있었다. 남자, 여자를 떠나 인간으로 먼저 생각해야 하지만 어쩔 수 없이 '여자가' 또는 '남자가'라는 말을 해야 할 때가 있다. '여자니까 밤길 조심해라.', '남자가 그렇게 마음이 좁으면 어떡하냐.' 등등 잔소리가 자연스럽게 등장한다. 가능하면 그렇지 않으려고 노력하는데도 불쑥불쑥 튀어나오는 소소한 말들이 고정관념으로 내 무의식에 잠재되어 있는 건 아닌지 반성해 본다. 나름 멋진 사람이고 싶은데 나이 많은 엄마라 옛날 사고방식에 젖어 아직 시대에 뒤떨어진 사람같이 보일까 봐 은근 걱정이 되기도 한다. 간혹 딸들에게 '여자가'라는 말을 했다가 비난을 받기도 하고 열띤 토론을 벌이기도 한다. 특히 둘째 딸은 자기주장이 강해 여성

비하 발언이나 폄하하는 말에 예민하게 반응한다. 그래서 가끔 너무 거기에 매몰되지 않을까 염려스러워 앞뒤 맥락을 살피거나 마녀사냥식 여론몰이에 넘어가지 말라고 반대쪽이나 중립적인 입장에서 설명해도 막무가내로 자기주장을 펼쳐 걱정되기도 한다. 또 아들이 있어서 아들 편에서도 생각해야 해서 여러 말 하다 보면 아들만 예뻐한다는 볼멘소리도 억울하게 들어야 한다.

딸 둘에 아들 하나인 나를 사람들은 120점짜리라고 한다. 며느리, 아내, 엄마 어떤 자격으로 100점인지는 모르겠다. 아들보다 딸을 선호하는 요즘 세대의 처지에서 보면 딸이 둘이나 있으니 좋은데 거기에 아들까지 있으니 더 좋지 않은가라는 의미가 담겨 있는 것 같다. 딸 둘이 있어 100점이라는 좋은 점수를 받았는데 그것과 비교할 수 없는 120점은 과연 어떤 의미일까? 내가 아들을 못 낳았다면 100점이다. 결국 방점은 아들인가?

2부

여름 끝에서

우리 집 · 여름 끝에서 · 친정에서 보낸 하루
땅과 부모님 · 무주상보시(無住相布施) · 오빠는 바보다
그리운 부모님께 · 보물이와 엄마 · 엄마를 잃어 버렸다
보낼 수 없는 편지 · 고향이 사라졌다 · 주검

우리 집

내 고향은 특별한 것도 없는 산골 마을이다. 큰톳굴, 작은톳굴, 잔등 이렇게 세 곳이 모여서 한 동네를 이루고 있는데 우리 집은 작은 톳굴과 떨어져 있고 지대도 조금 올라간 '잔등'이라는 곳에 있었다. 일곱 가구가 모여 사는 아주 작은 동네다. 큰길을 사이에 두고 다른 집들은 길 밑으로 옴팍하게 들어앉아 자리를 잡고 있었는데 우리 집은 길 위에 있었다. 엄마가 아무것도 없는 아버지와 결혼해서 살기 힘들자 친정 동네로 들어와 맨손으로 집을 지었다고 했다. 가난이 죄라서 한동네 외삼촌, 외숙모한테 당한 설움을 돌아가시기 전까지 안고 살았다.

천신만고 끝에 집 양쪽으로 밭을 마련했는데 왼쪽 열 마지기에 감나무를 심었다. 감나무 농장은 아니고 밭 언저리를 빙 두르고 안쪽에는 널찍하게 밭을 가로질러 심어서 중간에는 다른 농사를 지을 수 있게 했다. 엄마는 지극정성으로 감나무를 돌봤다. 분뇨며 음식물 찌꺼기며 퇴비가 될 만한 것들은 죄다 나무 옆에 묻어줬다. 그 덕인지 우리 집 단감은 유난히 맛이 좋았다. 현금이 나올 구멍이 없는 살림살이에 단감은 그나마 숨구멍 역할을 했다. 난 학교가 파하면 집으로 오자마자 바로 밭으로 가 노랗게 익은 단감을 따서 닦지도 않고 그 자리에서 먹었다. 아삭아삭하면서 다디단 그 맛을 잊을 수가 없다. 감 따다 쐐기에 물려서 혼쭐이 나기도 했다.

  세월을 따라 집 구조가 큰방과 작은방이 바뀌기도 하고 부엌이 새로 만들어졌다 옮겨지기도 했다. 어느 순간부터 왼쪽부터 부엌, 큰방, 중간방, 작은방으로 고정이 되었다. 크기에 상관없이 구들장이 놓인, 부엌 옆의 방이 큰방이 되었다. 작은방은 따로 솥을 걸어 군불을 넣어야 했다. 큰방 윗목에는 겨울이면 고구마가 차지하고 있었다. 때론 그 방을 누에에게 통째로 내주기도 했다. 여름날 누에가 뽕잎을 갉아 먹는 소리가 소나기처럼 시원했다. 냄새는 나지만 단잠을 부르는 소리였다. 지붕도 달 밝은 밤 하얀 박이 빛나던 초가에서 기와로, 조명도 내 앞머리를 태우던 등잔불에서 스위치만 누르면 되는 전등으로 변했다. 물도 동네 샘에서 길어다 먹던 것을 마중물을 붓고 펌프질을 하다가, 틀기만 하면 되는 수도로 바뀌었다. 작은언니는 어렸을 때 물 길어 머리에 이어 나르다가 키가 안 컸다고 지금도 투덜거린다.

집 오른쪽으로 헛간이 있고 그 너머로 이랑이 긴 엿 마지기 밭이 이어진다. 그 끝에 살구나무가 한 그루 있어 봄마다 연분홍 꽃을 피웠다. 헛간 옆으로 텃밭을 일구어 생강이며 푸성귀 등을 심어 먹었다. 또 마당 귀퉁이에는 화장실이 있고 그 뒤에 감나무 한 그루가 있었다. 그 옛날 단감으로 바뀌기 전 땡감이 열리던 때 도둑이 들어 그 나무에 있다가 도망간 일도 생각난다. 집을 잘못 골랐거나 우리 집보다 더 힘들었거나 했을 게다. 돼지우리도 있었고 닭장, 토끼장 등도 있어 온갖 가축들을 키웠다. 그 옆으로 꽃을 좋아하던 아버지가 가꾸는 조그만 화단이 있었다. 어렸을 적에 대문 옆으로 오동나무도 한 그루 있었고 포도나무 넝쿨도 담을 타고 자랐다.

부엌 바로 앞에 수돗가가 마련되었고 담벼락 옆으로 장독대가 있었다. 엄마가 멜(멸치)젓을 담가 두었다가 여름에 고추를 썰어 넣고 고춧가루와 참깨를 뿌려 무치면 맛있는 반찬이 되곤 했다. 겨울이면 살얼음이 언 동치미나 파래짓국(파래에 무채를 넣어 시원하게 국물로 만든 김치)에 고구마 먹는 재미가 쏠쏠했다. 단감이 없던 시절에는 떫은 감은 소금물에 우리거나 된장에 찍어 먹으면 맛이 그만이었다. 그 감을 우리는 항아리도 장독대에 한 자리 차지하고 있었다. 볕 좋은 날 소쿠리에 여러 가지 반찬거리를 넣어 항아리 위에서 말렸다. 그 주변으로 채송화나 봉숭아가 나란히 꽃을 피웠다.

 마당은 늘 곡식들의 차지였다. 벼를 말리면 중간에 한 번씩 뒤집어 줘야 하는데 맨발로 쟁기처럼 밀고 나가면 고랑이 생기고 이를 다시 갈퀴로 뒤적거려 주었다. 여름날 까끄라기가 날리던 보리 탈곡은 온 집안을 난장판으로 만들었다. 콩 타작을 하는 날이면 도리깨를 맞고 튀어 나간 콩알을 줍느라 허리가 휘었다. 헛간 앞에서 수확물을 키질하던 엄마의 뒷모습이 지금도 아른거린다. 해질녘 그 곡식을 거둬들이는 일은 내 몫이다. 서둘러 방 청소를 끝내고 샘에 가서 걸레도 빨아 와야 한다. 저녁밥까지 해야 할 때가 많다. 그 시간은 〈캔디〉, 〈은하철도 999〉, 〈마징가 제트〉 등 재밌는 만화영화를 봐야 하는데 낭패다. 마음과 눈은 텔레비전에 가 있다.

 부모님이 연로해 자식들이 서울로 모셔 가면서 우리 집은 빈집이 되었다. 부모님 가까이 사는 것이 그나마 타향살이 시름을 잊게 했는데 낙동강 오리알이 된 기분이었다. 가끔 가서 집도 둘러보고 가을이면 감도 따 왔다. 여전히 감 맛은 좋았지만 점점 병해충이 심해 수확량도 떨어지고 나무도 고목이 되어 감 따기도 힘들고 사는 데 바빠서 그냥 방치하게 되었다. 그러다 아버지가 돌아가시자 집은 큰 오빠 손으로 들어갔다. 오빠는 몇 푼 안 되는 그 집을 못 팔아 안달이었다. 내가 산다고 조금만 기다리라고 부탁했고 형제들도 말렸지만 관리하기 힘들다는 이유로 끝내 엄마가 돌아가시기도 전에 팔아 버렸다. 치매에 걸린 엄마는 아무것도 모른 채 가끔 집문서를 찾곤 했다. "어떻게 그럴 수 있냐고 그게 어떤 집인데." 하면서 그냥 우리끼리 울분만 토했다. 엄마가 돌아가시자 난 오빠와 연락을 끊었다.

사람들은 왜 그렇게 그 집에 연연하는지 모르겠다고 한다. 유난스럽단다. 하지만 부모님이 평생 손발에 피가 나도록 가꾼 집이며 땅이었다. 그 가치를 어떻게 말로 다 하겠는가? 또 내가 태어나기 전부터 부모와 형제의 이야기를 고스란히 품고 있을뿐더러 내 거의 모든 삶의 흔적들이 스며든 그 집을 어찌 잊을 수가 있겠는가? 단감을 먹던 내가, 아침부터 부엌에서 도란거리던 부모님이 그곳에 있다. 그리움이 눈가에 가득 번진다.

여름 끝에서

어느 책에서 여름날 저녁 멍석을 깔아놓고 밤하늘을 올려다본 이야기를 읽다가 잊고 지내던 여름밤의 추억들이 생각났다. 지금 옛일을 돌아보면 꿈같기만 하다. 어린 시절은 마냥 행복했던 것 같다. 물론 가난한 집안 형편에 눈물 콧물 쏟는 날도 많았지만 지나고 나면 다 잊히기 마련이고 또 기억은 왜곡되거나 편집되어 좋게만 남아있기 때문에 마냥 아련할 뿐이다.

해질녘에 아버지는 마당에 모깃불을 피웠다. 쑥이며 마른 풀 등을 넣고 태우면 매캐한 연기가 하늘 위로 너울거리며 올라간다. 그 맵고 알싸한 향기가 집 마당을 메우기 시작하면 그 옆으로 멍석을 깔고 상을 내오고 그 위로 엄마가 만든 소박한 저녁거리들이 자리를 잡는다. 한 손으로 연신 모기를 쫓고 다른 한 손으로 열심히 숟가락을 나르다 보면 식사 시간이 끝난다. 엄마의 설거지가 끝나면 옹기종기 모여든 식구들이 밤하늘을 올려다보며 멍석에 눕는다. 여름밤 하늘에는 무수히 많은 별이 쏟아져 내려왔다. 북두칠성이며 카시오페아 등 얕은 별자리 지식을 총동원하며 그 별들을 찾느라 정신이 없었다. 별을 헤다 그대로 잠이 들거나, 모깃불이 다 사위어질 때까지 놀다가 모기장을 쳐 둔 방으로 들어가 잠자리에 들었다.

여름밤은 또 마실을 많이 다녔다. 극성스런 모기와 바람 한 점 없는 무더운 밤에는 잠이 오지 않는다. 그러면 옥수수며 감자 등을 삶아 바람길이 있는 곳으로 가 저녁 시간을 보냈다. 수수와 콩대도 맛있는 밤참이었다. 언덕 위의 길가나 느티나무 정자, 동네 어귀 평상 등 사람들이 모여앉아 있는 곳이나 아니면 한적하고 시원한 곳에 자리를 잡는다. 얼굴과 손, 옷가지에 여기저기 밤참의 흔적을 남긴 채 엄마가 쉴 새 없이 부쳐주는 부채 바람과 사람들의 말소리에 스르르 잠이 든다. 엄마의 무르팍은 더없이 좋은 베개였다.

언젠가 고3 아들 녀석이 "엄마 이렇게 더운데 옛날에는 어떻게 밥을 해 먹었어?" 한다. 무더운 여름에 가스불 켜고 음식을 준비하는 일은 여간 곤혹스러운 일이 아니다. 저녁 걱정을 하는 나를 보고 갑자기 생각이 났나 보다. 외갓집이 아직도 부엌에서 불을 지펴서 음식을 준비하는 것을 아는 아이인지라 예전에는 더운데 어찌했을까 궁금증이 생겼나 싶다. "그래서 여름에는 밖에다 임시 부뚜막을 만들고 밥을 했지. 그리고 날씨가 더우니까 햇빛이 마루에 비추기 전에 아침 일찍 밥을 먹는다든가 마당가 그늘에 평상을 두고 거기에서 밥을 먹었지. 그래서 할머니가 아침 일찍 밥 먹으라고 깨우는 게 그렇게 싫었어. 할머니 속도 모르고."

에어컨이 없이는 꼼짝할 수 없는 여름을 보내면서 예전 기억들이 새록새록 떠오른다. 그 무덥던 여름을 부채나 선풍기에 의지하면서도 잘 이겨냈다. 여름은 수돗가 고무통에 수박을 넣어 놓고 시원해지기를 기다리거나, 찬물 한 바가지로 등목을 하거나, 계곡에서 물장구치며 노는 것이 전부였다. 그 일상에서 경험했던 것이 하나하나 소중하고 값진 추억을 선사했다. 어린 시절을 농촌에서 보낸 것은 지금 생각하면 축복이었다. 우리 아이들은 이런 경험이 없어 인생이 더 황량해질 수밖에 없을 거라는 생각이 든다. 경쟁이 전부인 세계에서 여유와 배려, 자연의 소중함 등을 배울 기회가 없다는 것이 안타깝고 미안하다.

절대 오지 않을 것 같은 가을이 어느새 곁에 바투 다가왔다. 시원한 바람이 살갗을 건드리며 지나갈 때 "아! 행복하다."라는 말이 절로 나왔다. "세상에나, 어쩜 이렇게 달라질 수가 있어?"라며 연신 감탄사를 내뱉는다. 올여름이 혹독했기 때문에 바람 한 점이 더없이 소중하게 다가오는 것 같다. 작은 날씨 변화 하나에도 감사와 행복을 느낄 수 있는 사람이 될 수 있는 기회를 준 자연의 위대한 힘에 경의를 표한다. 여름이 드디어 끝났다.

친정에서 보낸 하루

　차례와 성묘를 마치고 서둘러 친정에 갔다. 예전과 같지 않게 시댁을 일찍 나온 게 영 부담스러웠지만 금세 기분은 하늘을 날았다. 누렇게 익어가는 벼들이 반갑고, 산들거리는 코스모스와 억새가 마냥 예쁘게만 보였다. 누가 뭐래도 친정 가는 길은 행복하기만 하다.
　작고 조용한 동네가 멀리서 찾아온 가족과 친지들로 부산스러운 것 같고, 즐비하게 늘어선 자동차들이 위풍당당하게 주인들의 처지를 자랑하는 것 같다. 언제부턴가 이런저런 이유로 명절에도 썰렁한 우리 집도 오랜만에 사람의 온기가 느껴져 여간 반갑지 않다. 일찍 갔는데도 벌써 큰오빠와 남동생네는 귀경길에 오른 뒤였고, 큰언니와 작은오빠는 밭에서 고구마를 캐고 있었다.

엄마가 쟁기질도 못 한 밭 한 귀퉁이를 호미로 파서 심었다는 고구마는 제법 튼실하게 영글었다. 연신 여기저기서 튀어나온 지네와 지렁이 등을 보며 아이들은 악을 쓰면서도 고구마 캐는 재미에 푹 빠졌고, 도시에서 자란 신랑은 장모님이 일러주신 까마중을 따느라 신났다. 포실포실한 흙 속에서 고구마 찾는 즐거움도 컸지만 아직 온갖 벌레들로 넘쳐나는 살아있는 땅에서 먹을거리를 길러낼 수 있다는 안도감에도 내심 행복했다.

조촐한 삼겹살 파티로 점심을 때우고 식구들은 누구랄 것 없이 가을걷이에 나섰다. 햇볕이 마냥 따가운 마당을 몽땅 차지하고 누운 콩대를 도리깨로 힘껏 내리치니 쥐눈이콩들이 따그락따그락 튀어 오른다. 먼지투성이 속에 앉아서 도리깨질에 여념이 없는 엄마를 도우려고 내가 몇 번 내리쳤더니 도리깨는 제멋대로 춤추고 어깨만 아프다. 요령부득이라 어쩔 수 없었다. 여기저기 튀어 오른 콩을 주우려고 이리 뛰고 저리 뛰며 돌아다니다 보니 갑자기 김용택의 〈콩, 너는 죽었다〉가 생각났다.

> 콩타작을 하였다/ 콩들이 마당으로 콩콩 뛰어 나와/ 또르르 또르르 굴러간다/ 콩 잡아라 콩 잡아라/ 굴러가는 저 콩 잡아라/ 콩 잡으러 가는데

/ 어,어, 저 콩 좀 봐라/ 쥐구멍으로 쏙 들어가네 // 콩, 너는 죽었다.

  콩타작을 안 해 본 아이들이 어찌 이 한 편의 시 맛을 알겠는가? 새삼 부모님이 살아계셔서, 아이들에게 외가의 추억을 만들어 줄 수 있어서 고맙다. 당신들의 건강이 우리 6남매에겐 더없는 복이듯 다시 없을 소중한 시간을 내어 준 바람과 햇볕과 웃음과 땀방울이 나에겐 커다란 행복임을 깨닫는다.

  여든을 훌쩍 넘긴 부모님의 일손을 조금이라도 도와드릴 생각에 온몸에 흐르는 땀도 매캐한 흙먼지 때문에 목이 칼칼함도 잊을 수 있었다. 많지 않은 농사지만 밭일이란 게 손이 많이 간다. 콩 타작만 하더라도 한꺼번에 익어서 걷어 들일 수 있는 것이 아니다. 잘 익은 것만 골라 베어야 한다. 그리고 일일이 손으로 도리깨질하여 털어내고 콩대는 땔감용으로 다시 묶어놓고 콩깍지와 부스러기들은 바람에 날린다. 그러면 알갱이들은 바로 밑으로 떨어지고 껍데기들은 바람에 날려간다. 이렇게 마무리 지은 콩을 다시 한 번 키질하고 나서 모아둔다. 나중에 잡티를 고르고 말리는 갈무리가 한 번 더 남아있다.

  쥐눈이콩에 이어 노란 메주콩, 결명자까지 털고 나니 온몸이 녹

초가 되는 것 같다. 작은 밭에 골고루 농사지은 노인네들의 손길에 감탄사가 절로 나온다. 젊은 우리도 하루 일하고 이렇게 힘든데 노인네들이 얼마나 힘이 드실까 생각하면 마음이 아프다. 어쩌다 들르는 친정에서 난 그저 밥이나 먹고 쉬다가 오는 게 전부였는데 큰언니는 다르다. 오자마자 집안일이나 밭일을 하나라도 더 하려고 바쁘다. 첫딸은 하늘에서 내린다는 게 맞나 보다.

다시 시댁으로 돌아가야 해서 서둘러 집을 나섰다. 비록 짧은 시간이었지만 몸도 마음도 건강해진 것 같아 살맛 나는 하루를 보냈다. 일하느라 정신없어 저녁밥도 못 먹여 보냈다는 엄마의 전화에 괜스레 더 죄송스럽다.

땅과 부모님

 지난 일요일, 모처럼 쉬는 남편이 친정에 가자고 해서 집을 나섰다. 날씨는 꾸물꾸물하고 바람마저 쌀쌀해서 선뜻 내키지 않았지만 남편이 먼저 말하는 것은 흔하지 않은 터라 서둘러 출발했다. 날씨 탓일까? 아직 들녘엔 봄이 먼 것 같았다. 다만 파릇한 보리들이 바람에 넘실거려 봄을 말해 주고 있었다.
 친정은 이곳 목포에서 가까운 강진이다. 강진읍에서도 버스 타고 20분 정도 더 들어가야 하는 시골이다. 버스도 하루에 두세 번밖에 안 다니고, 구멍가게조차도 없는 전형적인 시골 마을이다. 어린 시절, 학교에 갔다 오면 일손을 돕거나 아니면 들로 산으로 뛰어다니며 노는 것이 일과였다. 동생을 돌보고 청소와 빨래 등 집안일을

하는 것과 산에 나무하러 다니거나 밭에 나가 고추를 딴다든지 하는 것들이 그냥 일상이었다. 그 시절 시골아이들이라면 일하는 것이 당연했다. 그리고 자연이 놀이터였고 놀잇감이었다. 봄에는 진달래 따고 고사리 꺾고 나물 캐느라, 여름에는 냇가에서 고둥 잡고 물장난치느라, 가을에는 열매 따 먹고 나무하느라, 겨울에는 빈 논에서 썰매 타거나 손 야구 하느라 사계절이 바빴다. 자연과 시골 생활은 좋은 추억을 간직하게 했고 정서적으로 풍부한 삶을 이끌어 주었다.

 그곳에 사랑하는 부모님이 계시기에 난 틈나는 대로 친정에 가려 한다. 내 아이들도 자연과 함께하며 자라게 하고 싶어 남편이 쉬지 않는 날에도 아이 셋과 버스를 몇 번 갈아타는 수고를 아끼지 않는다. 도시에서 자란 남편은 처음에는 흙 묻히고 놀면 바로 데려가 씻기는 사람이어서 외가에 가는 걸 좋아하지 않았다. 하지만 난 아이들은 흙을 묻히고 놀아야 한다고 생각한다. 자연만큼 좋은 놀이터가 없다. 자연과 함께 자란 사람이라면 인간 본연의 좋은 심성을 잃을 리가 없기 때문이다. 시골은 아이들이 지금까지 건강하게 자라는 데 한몫하지 않았을까 생각한다.

 그런데 내가 친정을 찾는 이유는 하나 더 있다. 이제 내일을 알 수 없는 연로하신 부모님이 계시기 때문이다. 고생만 하시다가 어느덧 팔순을 훌쩍 넘겼다. 흙과 함께 살아온 인생이 흙에 묻히는 날을 기다리고 있는 것이다. 적적한 부모님께 자식과 손자들 보는 기쁨을 안겨드리고 싶다. 짧은 시간이지만 삶의 생기를 느끼기를 바란다.

우리 집은 가난했다. 논농사가 중요한 삶의 터전인 그 시절, 논이 없다는 것은 치명적이었다. 가진 것이라곤 맨몸뿐인 아버지와 결혼해서 6남매를 낳아 기른 어머니의 삶은 땀과 눈물에 늘 젖어 있었다. 경제적으로 무능력한 아버지와 아이들 때문에 안 해 본 장사가 없을 만큼 악착같이 살았다. 어떤 때는 아이를 갖고도 무거운 소금을 이고 장사를 나가셨다가 쓰러지기도 했다. 다행히 젊은 시절 잠깐 방랑벽이 있던 아버지도 차차 부지런한 농부가 되었고, 악착같은 어머니의 근성 덕분에 밭뙈기 몇 마지기라도 마련할 수 있게 되었다. 그 밭에다 어머니는 그 시절 귀하던 단감나무를 심어 제법 논농사를 대신할 만한 수입을 얻었다. 그 덕분에 난 손위 형제들과는 달리 고등학교라도 마칠 수 있었다.

이제 6남매가 각자 가정을 이루고 살고 있지만 두 노인네의 고생은 끝나지 않았다. 빤한 살림에 일손을 놓고 쉰다는 것은 쉬운 일이 아니었다. 아니 그보다는 평생 손에 흙 묻히고 산 두 분의 일생이 조그만 땅이라도 놀린다는 것은 용납할 수 없는 일이었다. 노환으로 제대로 걷기조차 힘들어하면서도 때가 되면 밭에 씨앗들이고, 가꾸고 거둬들일 걱정이 태산이다. 자식들은 얼마 되지 않는 땅 그냥 놔둬 버리라고 하지만 당신들의 삶의 터전인 땅은 자식과 진배없었다. 어찌 나 몰라라 할 것인가?

봄이 왔다. 흙이 있는 곳이라면 어디든지 생명이 살아 움직이고 있다. 이제 두 분의 영원한 안식처가 될 집을 짓기 위해 준비해둔 땅에도 진달래가 피고 새순이 돋고 있다. 두 분이 가시면 그 땅 위에서 또 다른 생명이 살아 움직이고 있을 것이다. 나와 내 자식들도 그분들이 남겨 주신 흙에 뿌리를 두고 건강한 삶을 이어갈 것을 믿는다.

무주상보시(無住相布施)

어느 순간 썰렁해진 방바닥에 온기가 감돈다. 잠결에 부엌에서 들려오는 부모님의 두런거리는 소리가 달콤하다. 아버지는 따뜻한 물을 준비하느라 군불을 때고 있을 것이다. 과년한 딸내미는 연로하신 엄마가 아침밥을 차려 내올 때까지 이불 속에서 뭉그적거린다. 언젠가 친정집에서 아침을 맞이했던 그 순간의 느낌을 지금도 잊을 수가 없다. 이제 다시는 그 따사롭던 목소리를 들을 수 없다.

엄마는 일제강점기와 6·25를 겪은 역사의 산증인이었다. 다들 찢어지게 가난해서 고달팠던 세대였기에 엄마도 별반 다르지 않았다. 초등학교도 다니지 못했지만 영특해서 어깨너머로 글을 배워 훗날 까막눈인 아버지를 대신했다. 무능력한 가장인 아버지 때문에 여장부가 되어 6남매를 키워야만 했던 엄마의 안간힘은 생이 다하도록 끝내지를 못했다. 병마와 싸우느라 말 한마디 못 하고 가셨다.

내가 태어나기도 훨씬 전 어느 해인가 엄마는 소금 장수를 했다. 당시에는 소금을 파는 것이 불법이었다고 한다. 혹시 단속에 걸리면 담배 몇 갑 쥐여 주는 것으로 무마하며 아슬아슬하게 목포 용당에서 소금을 떼어 와 강진 산골 여기저기 돌아다니며 팔았다. 그날도 무거운 소금을 이고 장사를 나갔는데 그만 쓰러졌다. 깨어나 보니 낯선 집 안방이었다. 여주인은 따뜻한 흰쌀밥에 미역국 한 그릇을 내밀며 어떻게 그런 몸으로 다니냐고 얼른 밥 먹고 기운 차리라고 했단다. 며칠인가 보살핌을 받아 몸을 추슬렀다. 엄마는 아이가 있는 몸으로 무거운 소금을 이고 다니다 유산을 하고 쓰러진 것이다.

엄마는 두고두고 그 아주머니 이야기를 했다. 그다음에라도 찾아 나서야 했는데 먹고살기 바빠서 못 한 것이 마음에 걸린다고 했다. 다들 제대로 밥 먹고 살기 힘든 세상에 생판 모르는 남에게 어찌 귀한 쌀밥을 차려 주냐고 그 덕분에 살았으니 고마움을 전해야 마땅했다고 미안해하고 죄스러워했다. 너무 오래된 일이라 아무 단서도 없지만 죽기 전에 찾아뵀으면 했다. 끝내 엄마의 그 소망은 이루지 못했다. 지금 생각하면 엄마 기억이 온전할 때 무슨 수라도 써서 고마움을 전할 것을 하는 안타까움이 일었다. 그 아주머니의 손길이 아니었다면 어쩌면 우리 엄마는 이 세상에 없었을 것이고 당연한 말이지만 나 또한 세상의 빛을 보지 못했을 것이다.

엄마는 버스비 몇 십 원 아끼려고 몇 정거장 전에 내려서 걸어오는 사람이었다. 평생 가난에 허덕이느라 돈에는 아주 인색했다. 땅이 없는 농사꾼에게 돈이 생길 리 만무하니 억척스레 모아야만 했다. 그렇지만 깨진 항아리에 물 붓기였다. 그나마 보리밥이라도 굶지 않고, 다른 형제들하고 달리 고등학교까지 갈 수 있었던 것은 다 엄마의 피나는 노력 덕분이었다. 그때는 "돈! 돈!" 노래를 부르는 엄마가 싫었지만 이제는 안다. 아낌없이 주는 나무가 되고자 했던 마음을.

그래도 엄마는 정이 많아 이것저것 내어 주는 걸 좋아했다. 끼니 때 집에 오는 사람에게는 숟가락 하나 더 놓고 기어이 밥상머리로 이끌었다. 도시에서 오는 사람이면 흔해 빠진 푸성귀라도 챙겨 보내려고 애썼다. 물 한 모금, 떫은 감 하나라도 필요한 사람에게는 아낌없이 베풀었다. 어릴 적에 동네에 거지가 한 명 있었는데 자주 찾아왔다. 그러면 내쫓지 않고 보리밥 한 덩이지만 꼭 챙겨 주었다.

 나도 사람을 좋아해서 그런지 엄마를 닮아서인지 모르지만 돈으로는 선뜻 못해도 밥해서 나눠 먹는 걸 좋아한다. 시간만 나면 사람들을 불러서 팥칼국수, 콩나물밥, 찰밥 등을 해 먹인다. 김치가 맛있게 익어서, 날이 좋아서 등 핑곗거리는 얼마든지 있다. 번거롭긴 하지만 맛있게 먹어 주면 기분이 좋아서 자주 한다. 요즘엔 산에 가면 꼭 찰밥을 해 간다. 전날 미리 불린 콩들을 넣고 압력밥솥에 안치면 그만이다. 거기에 김과 김치만 있으면 되니 간편하다. 그러면 사람들이 복 받을 거라고들 얘기한다. 사실 그러면 좋겠지만 뭘 바라고 하는 것은 아니다. 내 잠깐의 수고로 여러 사람이 좋아하는 것만으로도 고맙고 행복하다.

 언젠가는 일명 '도를 아시나요?' 팀이 아파트 벨을 누르고 다녔다. 애초에 문을 열어 줄 생각은 없었는데 물이라도 한잔 마시고 가라고 잠깐 들어오게 했더니 물고 늘어졌다. 난 관심 없으니 다 마셨으면 돌아가라고 하면서 그냥 보내기 뭣해 여유가 있는 세숫비누 몇 개 챙겨 주었다. 하루 종일 발품 팔며 돌아다녀도 문전박대만 받을 게 뻔했기 때문이었다. 오지랖이 넓은 것도 아닌데 그랬다. 그냥 마음이 동했다.

　불교 사상을 전하는 《금강경》에 '무주상보시'라는 말이 나온다. '내가', '무엇을', '누구에게 주었다.'라는 자만심 없이 온전한 자비심으로 베푸는 것을 뜻한다. 그렇다고 내가 거창하게 무주상보시를 말하려는 것은 아니다. 주면 바라는 게 인지상정이다. 최소한 줬다는 것이라도 알아주길 바란다. 그렇지 않으면 서운하네, 어쩌네, 하며 말이 많아지고 탈이 생긴다. 물론 그렇지 않은 사람들도 많겠지만 난 전자에 속하는 사람이다. 이기심으로 똘똘 뭉쳤다. 공짜라면 양잿물이라도 마시겠지만 그래도 가끔 받는 것보다 주는 게 행복할 때가 있다는 것을 안다. 아주 사소하고 작은 것들이라 베풀었다는 말을 쓰기도 민망하지만.

　봄이 오고 있다. 벚꽃 잔치가 열리려나 한껏 부풀어 오른 꽃망울이 정겹다. 꽃들이 피는 건 그들의 유전자에 내재된 번식 전략이지만 그 힘든 과정을 견뎌내고 예쁜 꽃을 피워 우리에게 기쁨을 선사하는 것을 고맙게 여긴다. 세상일은 돌고 도는 것 같다. 톱니바퀴처럼 맞물려 서로에게 영향을 주고 받으며 살아간다. 인간관계뿐만 아니라 자연과 인간의 사이도 마찬가지다. 오늘의 내 말 한마디, 행동 하나가 어떻게 될지 모른다. 선한 영향력이 필요한 때다.

오빠는 바보다

좀처럼 연락을 안 하던 동생에게서 밤늦게 전화가 왔다. 무슨 일이냐고 묻는 말에 대뜸 작은형이 불쌍하다고 했다. 무슨 뚱딴지 같은 소리냐고, 술이 많이 취했냐고, 오빠가 그렇게 산 지가 얼만데 그러냐며 잔소리를 늘어놓아도 불쌍하다는 말만 되풀이했다. 아무래도 이상해서 무슨 일이 있냐고 다그쳤더니 오빠가 지금 의식 불명으로 중환자실에 있단다.

다음 날 아침 서둘러 서울에 올라갔다. 큰언니는 면회가 자유롭지 않은 중환자실의 보호자 대기실에서 24시간 기다리고 있었다. 내가 도착했을 때는 면회 시간이 지나 있었다. 언니가 시골에서 동생이 지금 왔는데 한 번만 만나게 해 달라고 사정해서 중환자실에 들어갈 수 있었다. 보호복을 입고 마스크를 하고 손 소독을 마치고 중환자실에 들어가는데 긴장감과 두려움에 가슴이 떨렸다.

정신없이 늘어선 기계들과 주사 줄 사이에 오빠가 누워 있었다. 기도 삽관을 해서 튜브로 연결한 인공호흡기에 의지해 숨을 쉬고 있었다. 콧줄도 끼워져 있었는데 거기로 영양식을 넣어 준다고 했다. 제법 건장한 오빠는 그런 장치들만 없다면 그냥 잠을 자는 것처럼 보였을 것이다. 언니는 오빠를 주무르며 제발 살아만 달라고 울먹였다. 도대체 무슨 일이 있었길래 하루아침에 이렇게 돼 버렸나 믿기지 않았다.

오빠는 두 달 만에 기적처럼 깨어났다. 소식을 전하는 언니 전화를 받고 너무 기뻐서 우리 집에 전기 제품 수리하러 온 사람을 붙잡고 "우리 오빠가 두 달 만에 깨어났대요!" 하며 소리치듯 말했다. 당장 오빠를 보러 갔다. 아직 목에 튜브도, 콧줄도 그대로라 제대로 말을 할 수는 없었지만 살아 돌아왔다는 기쁨만으로도 잔칫집이었다. 시간이 지나면 다 좋아지리라 믿었다.

재활치료가 길어질 것을 생각해, 간호를 도맡은 큰언니 집과 가까운 병원으로 옮겼다. 오빠가 살아 있기만 바랐던 소망은 이루어진 것과 동시에 여러 문제를 가져왔다. 당장 24시간 꼼짝없이 오빠

곁을 지켜야만 하는 큰언니가 제일 곤란했다. 본인 가정생활은 거의 포기하다시피 한 큰언니의 고생은 이루 말할 수가 없었다. 그렇다고 오빠가 재활만 하면 되는 것도 아니었다. 이미 뇌 손상이 와서 정상인으로 돌아올 수는 없다고 했다. 3여 년의 노력에도 끝내 오빠는 제대로 걷지도 못했다. 이제 말을 배우는 아이 같아 의사소통이 힘들었다. 침을 질질 흘리며 웃는 게 전부였다.

  퇴원해서 두 언니 가까이에 집을 얻어 이사하고 거기에 부모님까지 모셨다. 처음에는 작은언니가 요양보호사 자격증을 따서 오빠를 돌봤다. 나중에는 부모님이 아예 서울로 거처를 옮겼다. 엄마는 작은아들을 돌보겠다는 욕심으로 올라왔지만 이미 연로하셔서 보살핌을 받아야 했다. 두 언니는 늙으신 부모님에 장애인이 돼 버린 작은오빠까지 건사하느라 발에 땀이 났다. 난 멀리 떨어져 산다는 이유로 짐을 지지 않았다. 간혹 서울로 가서 얼굴 내미는 것이 전부였다. 오빠와 말이 통하지 않아 밥 먹었느냐고 물어보고 나면 딱히 할 말이 없었다. 누구보다 나를 예뻐하고 결혼할 때도 물심양면으로 도와줬는데 점점 먹고 자는 일밖에 못 하는 바보 같은 오빠가 싫어졌다. 이래저래 나도 살기에 바빠 잊고 지내다시피 소원해졌다.

  작은오빠는 하루가 멀다 하고 넘어지고 깨져서 응급실을 제집 드나들 듯 다녀야 했다. 부모님과 함께 지낼 집을 큰오빠네 근처 경기도 일산으로 옮겼다. 서울보다는 집도 넓고 깨끗하고 좀더 한적하고 공기도 좋은 곳에서 지내게 하려는 생각이었다. 하지만 이사 전에 아버지가 돌아가시고 엄마와 오빠만 그 집에 들어갔다.

아버지가 돌아가시고 1년쯤 지난 어느 날 작은언니에게서 전화가 왔다. "너 서울에 와야 되겠다." 울먹이는 언니의 말이 믿기지 않았다. 날벼락이었다. 오빠는 화장실에서 피투성이인 채 주검으로 발견되었다. 부검해서 심장질환으로 그렇게 됐다는 사실을 알았다. 퉁퉁 부은 손과 발을 보며 운동을 안 해서 그렇다고 맨날 닦달만 했는데 그게 아니었다. 몇 년을 그렇게 한 움큼씩 약을 먹으니 심장에 부담이 가는 것은 당연했을 것이다. 그 누구도 생각하지 못한 일이었다. 일이 터지기 두 달 전 생일에 미역국 먹었느냐는 말이 마지막이 되었다.

과일이라도 하나 더 입에 물리려고 먼 길을 이고 지고 다녔던 큰언니의 일과가 하루아침에 사라졌다. 엄마는 가난 때문에 평생 고생만 했어도 70년을 함께 지낸 남편 보낸 눈물이 다 마르기 전에 자식마저 앞세우고는 치매에 걸렸다. 아직 미혼인 두 조카는 이른 나이에 상주가 되었다. 남아있는 우린 장례식이 연례행사가 되었다.

오빠는 장애인이 된 지 8년 만에 갔다. 자신이 우리에게 어떤 일을 저질렀는지 모르고 떠났다. 염라대왕을 만나러 갔을 때 한번 갔으니 늦게 부르라고 확답이라도 받고 오지 그냥 왔나 보다. 억울해서 못 간다고 버티지 왜 그냥 따라갔을까? 오빠는 정말 바보다.

그리운 부모님께

올 들어 유난히 카네이션이 눈에 들어옵니다. 분홍 카네이션이 참으로 곱네요. 아이들이 오늘 꽃과 조그만 케이크와 선물을 주었어요. 저는 자식들에게 받았는데 부모님께는 드릴 수 없다는 것이 안타까울 뿐입니다. 2014년 5월 15일 스승의 날에 아버지, 1년 뒤에 작은오빠, 또 4년이 지나 엄마까지 보내 드렸지만 마지막 인사 한마디 나누지 못했네요. 아버지 가시기 전에 병원에 계시면서 제가 온 지도 모를 때 다가오는 어버이날에 다시는 못 뵐 것 같아서 장미꽃 한 송이 드리고 온 게 전부였네요. 나중에 엄마에게도 멀리 떨어져 산다는 핑계로 꽃을 챙기지 못했어요.

그곳에선 엄마와 작은오빠와 잘 지내시는지요? 아버지도 작은오빠를 그렇게 빨리 만날지 몰랐지요? 부모님껜 효자였고 저에겐 가장 다정한 오빠였는데 어느 날 그렇게 장애를 입고 설운 세월 살다가 서둘러 갈 줄 몰랐어요. 가는 길이 너무 외로울 것 같아서 오빠 친구에게 전화해 장례식장에 와 달라고 부탁했어요. 그래도 ㅊ(막내조카)의 친구들이 많이 와서 그나마 쓸쓸하진 않았어요. 오빠에게 너무나 잘못한 ㅎ(큰조카)이 얄미웠지만 장례식 내내 한쪽 구석에서 눈물만 흘리고 있는 걸 보니 짠하더라구요. 훗날에 엄마 장례식 끝내고 혼자 버스에서 내려 돌아가는 뒷모습이 또 얼마나 쓸쓸해 보이든지 가슴이 먹먹했어요. 아마도 작은오빠가 겹쳐 보였나 봐요.

고령의 엄마에게 오빠의 부음은 청천벽력이었을 거예요. 실신할까 봐 사실대로 알리느냐 마느냐를 한참 의논해야 했죠. 엄마는 애타게 오빠의 이름을 불렀고 그 뒤로 기억력이 떨어져 치매에 걸렸어요.

오 서방(남편) 쉬는 날엔 아버지에게 드릴 소주와 담배와 라면을 사서 강진에 가곤 했죠. 엄마는 술을 아껴 그걸 요긴하게 써야 해서 숨기고 아버지는 찾고 그렇게 늘 숨바꼭질하셨죠. 생활필수품은 가게도 멀고 현금도 궁한 시골에서는 항상 아껴야만 했으니까요. 늙으신 부모님 일손도 못 도와드리고 아이들하고 삼겹살 구워 먹고 놀다만 왔는데도 엄마는 "우리 오 서방, 우리 오 서방." 했죠. 내세울 것도 없는 것들인데도 바리바리 싸 온다고 우리 형제들에게 늘 자랑했죠. 찾아오는 이 없는 시골 노인네들에게 딸과 사위, 손주는 그저 예쁘기만 했을 거예요. 아버지는 원래 말이 없는 분이라 표현은 안 했지만 대신 엄마가 버선발로 뛰어나왔죠. 언제는 우리가 온다고 아버지가 일찍부터 길에 나와 있는 바람에 뒤따라온 병아리를 잃어버렸다고 엄마가 두고두고 타박하기도 했죠.

아버지 보내고 엄마가 그렇게 슬퍼할 줄 몰랐어요. 보고 싶다고 많이 우셨죠. 평생 아버지를 미워하면서 살았는데 의외였어요. 엄마 만나고 어떠셨어요? 어떻게 거기에서는 엄마가 아버지께 잘하나요? 돌아가시기 전에 요양원에서는 순한 양이 되어버렸죠. 호랑이 같은 그 성질을 약으로 눌러버린 것 같더라구요. 엄마 만나러 요양원에 갔을 때 밥 먹고 다시 온다고 거짓말하고 나왔는데 그게 두고두고 마음에 걸렸어요. 치매가 있어서 잊어버렸다면 다행이었겠지만 혹시나 눈이 빠지게 기다리진 않았는지 걱정이었어요. 혹시 그 얘기는 안 하던가요?

아침 일찍 일어나 마당을 쓸던 아버지의 정겨운 빗질 소리는 이제 들을 수 없어요. 여름날 쑥과 풀로 피운 매캐한 모깃불 향도 그립기만 합니다. 장날 빈손으로 마당을 들어서며 "옷장시 다 얼어죽었다"는 엄마의 변명 아닌 변명도, 등짝을 후려치던 그 매운 손맛도 다 그리운 것들이 되었네요. 동네 궂은일을 도맡아 하시는 바람에 엄마의 원성을 샀던 아버지의 그 오지랖도 십 원짜리 동전 하나에도 벌벌 떠는 엄마의 그 억척스러움도 옛이야기가 되어 아이들에게 전해진답니다.

가끔 고향이 그리우면 강진에 갑니다. 이제는 우리 집이 아니라서 멀리서 바라만 보고 오는데 허물어진 담장을 보면 가슴에 찬바람이 입니다. 엄마, 아버지도 큰오빠가 소리소문 없이 집을 팔아 버린 것 아시죠? 가을이면 내 든든한 간식거리와 엄마의 짭짤한 용돈이 되어주던 감나무와 봄에는 고운 꽃으로 여름에는 새콤한 살구로 나를 기쁘게 했던 나이 많은 살구나무도 자취를 감춘 지 오래고요. 빈집을 지키는 나무와 화초만이 홀로 꽃을 피우며 바람과 도란도란 이야기를 나눕니다. 가만히 있으면 엄마, 아버지의 말소리가 들리는 듯합니다. 곳곳에 남겨진 그리움이 불쑥불쑥 튀어나옵니다.

두 분께 다정하지도 친절하지도 않았던 막내딸이 벌써 60을 바라보고 있네요. 결혼하고부터는 내 살기 바빠 또 시댁에만 존재하는 각종 기념일을 챙기느라 부모님은 뒷전이었어요. 우리 부모님도 어버이날이 있고 생일도 있는데 왜 당당히 요구하지 못했을까요? 제가 참 못났어요. 이제 한숨 돌리니 엄마, 아버지는 곁에 없네요. 요렇게 예쁜 카네이션 한 송이 달아 드리지도 못하네요.

    오늘따라 두 분이 몹시 그립습니다. 보고 싶어요.

2022년 5월 8일 막내딸 올림.

보물이와 엄마

　1박 2일의 여정을 마치고 새벽 두 시가 넘어서야 집에 들어섰다. 딸아이 방에서 자던 보물이가 앙칼지게 짖는다. 딸이 잠결에 침대에서 내려 주자 득달같이 달려들어 반긴다. 숨 돌릴 틈을 주지 않는다. 두 다리로 서서 팔짝팔짝 뛴다. 보물이는 우리 집에서 1순위고 보물이에게는 내가 그렇다. 먹이고 씻기고 산책시켜 주는 힘이 큰가 보다.
　내 어릴 적 고향집에는 온갖 동물들이 살았다. 소, 돼지, 닭은 물론 토끼, 거위, 오리까지 다 키워 본 경험이 있다. 아니 부모님이 키우셨다. 집을 지키는 개는 항상 있었다. 덕분에 개는 늘 시골집 풍경 안에 같이 들어온다. 소나 돼지는 살림에 보탬이 되라고 키웠지만 개는 엄마가 특히 좋아해서 그랬다. 당신 자식인 양 이미 사라지고 없어도 어떤 개는 뭐를 잘했고 이번 개는 이랬다고 자랑하기 바빴다. 개는 마을 입구에서부터 들려오는 발걸음 소리만으로도 주인을 알아본다고 영특하다고 늘 치켜세웠다. 우리가 어렸을 적에는 개고기를 먹고 절에 가면 목숨을 잃거나 크게 다친다는 말이 있었다. '동네 누가 그랬네.' 하는 소문이 돌기도 해서 개고기를 먹으면 큰일날 줄 알았다. 물론 그런 이유는 아니지만 우리 식구는 아무도 개고기를 먹지 않았다. 개장수에게 팔지도 않았다.

 집에서 돌보는 가축이 많으면 개에게 밥을 주거나 닭을 몰아 닭장에 넣는 일 같은 자질구레한 것뿐만 아니라 소나 토끼에게도 먹일 풀을 베러 다니는 일도 했다. 아버지가 이른 아침, 이슬이 앉은 풀을 한 짐 지고 와 부려놓으면 싱그러운 풀 냄새가 훅 끼친다. 닭이 부산스럽게 움직이며 내는 소리와 함께 아침이 시작되었다는 신호였다. 닭은 집에 손님이 오거나 명절이 되면 여지없이 아버지의 손에 잡혀 맛있는 고기가 되었다. 키우던 닭이건만 전혀 죄책감이 들지 않았다. 그저 우리에게 일용할 양식이었다. 특히 닭고기 육수에 끓인 떡국은 소고기는 저리 가라다.

 언젠가 우리 아이들이 어디에서 받아 온 병아리 네 마리를 키운

적이 있었다. 품에 품어 가며 재우고 먹였더니 나만 졸졸 따라다녔다. 밥상을 차리면 기가 막히게 알고 달려온다. 밥을 먹여 키워서 그렇다. 하지만 병아리들이 어찌나 시끄럽게 굴고 아무데나 똥을 싸고 돌아다니는지 감당하기 힘들었다. 날개깃이 나오면서 제법 병아리 티를 벗는 것 같아 부모님 집으로 보내기로 했다.

시골로 간 병아리들은 연로하시고 적적하신 부모님께 커다란 위안이 되었다. 두 분만 졸졸 따라다니는 아이들을 부모님은 너무나 애지중지했다. 행여 도둑고양이가 물어 갈까 봐 밤에는 방에 들여 놓거나 마루 위에 올려놓고 단단히 막아두었다. 그런데 어느 날 우리 식구가 간다는 연락을 받은 아버지가 일찌감치 길가로 마중을 나왔나 보다. 그날도 어김없이 아버지를 따라나선 병아리들은 마늘밭으로 들어가서 함흥차사가 되어버렸다. 엄마는 두고두고 아버지를 타박했다.

한번은 부모님이 연로하셔서 시골의 겨우살이가 힘들어 서울로 가야 하는데, 엄마는 며칠 더 남아서 집안을 단속해야 한다고 아버지를 먼저 보냈다. 이것저것 일은 마쳤는데 살아있는 닭이 문제였다. 누구에게 맡길 수도 없었고 잡아 달라고 부탁할 사람도 딱히 없어 엄마는 그것을 보자기에 싸 왔다. 고속버스터미널에 마중 나간 작은언니는 기겁을 했다고 한다. 서울 한복판에서 시골 할머니가 보따리에 꼬꼬댁거리는 닭을 들고 있으니 사람들의 이목을 집중시킬 수밖에 없었다. 승용차도 없는데 살아있는 닭을 들고 지하철을 탈 일이 너무도 창피해서 죽을 것 같았다. 엄마는 죽어도 닭을 잡을 수 없었을 것이다.

 엄마의 동물 사랑은 고향을 떠나와 서울에서 지내면서도 계속됐다. 큰언니네 강아지에게 사람이 먹는 것은 죄다 먹였다. 아무리 조카들이 말려도 몰래 주어 핀잔을 받았다. 결국은 엄마 때문에 더이상 키우지 못하고 말았다. 치매를 앓고 있으면서도 돌보아야 한다는 본능이었을까? 막내동생이 키우던 고양이도 잘 놀아 주면서 엄청 예뻐했다. 동물들과 이야기도 잘한다. 이러쿵저러쿵하며 사람 대하듯 한다. 지금 우리 집 보물이를 본다면 얼마나 좋아할까? 아마 쪽쪽 빨고 물고 할 것이다. 보물이가 사랑스럽고 예쁜 짓을 할 때마다 엄마 생각이 간절하다.

엄마를 잃어 버렸다

외갓집이 한동네였다. 조실부모한 아버지를 만난 엄마는 결국 친정 가까운 곳에 자리를 잡았다. 말 그대로 솥단지 하나 달랑 들고 시작한 살림은 평생 붇지를 않았다. 외삼촌네는 사는 게 우리보다 나았다. 제삿날이라도 되면 외숙모의 눈치를 보며 우리 형제들에게 한끼의 밥이라도 먹이려고 애쓰던 일이 떠오른다. 그렇게 늘 가난에 쫓기고 허덕이며 사는 엄마가 내 기억의 전부인 것 같다. 분명 있었을 젊고 예쁘던 엄마의 모습은 떠오르지 않는다.

4년 전 아버지가 돌아가셨다. 94세로 장수하신 아버지이건만 엄마의 설움은 길었다. 그렇다고 금슬이 좋았던 것도 아니었다. 아마도 70년의 세월이 그냥 놓아주진 않았을 것이라 짐작할 뿐이다. 예를 다해서 아버지 보내고 마음 추스르기 바쁘게 작은오빠를 앞세웠다. 작은오빠에게 고기라도 사 들고 가봐야겠다는 엄마는 그 길로 오빠의 장례식장으로 가야 했다.

언제부턴가 엄마는 지나치게 의심이 많아지고, 잘 삐지고, 걸핏하면 생트집을 잡기 시작했다. 치매가 시작되었다. 성격이 괄괄하고 목소리가 크고 고집이 센 엄마는 감당하기 버거웠다. 아버지도 치매를 앓긴 했지만 얌전했다. 원래 말은 없었고, 간혹 옛일과 지금을 혼동하고 헛소리를 한다든가 기저귀를 찢어버린다던가 그런 정도였다. 물론 식구들도 모두 알아봤다. 그런 아버지와 비교가 안 되게 엄마는 자식들을 지치게 만들었다.

끊임없이 반복되는 이야기는 그나마 웃고 넘길 수 있었지만 조금이라도 기분이 상할라치면 차마 입에 담기 어려운 욕을 한다고 한다. 거기에 먹지도 자지도 않는다. 밤새 그 큰 소리로 욕설을 퍼붓는다. 제일 견디기 힘든 게 주변 사람을 잠 못 자게 하는 일이었다. 저녁에 얌전히 잠만 자 줘도 덜 힘들었을 것이다. 아파서 병원에 입원해도 주위 사람들 눈치 때문에 조기 퇴원도 하고 요양원에 갔다가 돌아오기도 했다.

그나마 자식들은 알아보고 하던 분이 이제는 내가 딸인지 동생인지 헷갈리나 보다. 언젠가 엄마 보러 서울에 갔더니 어렸을 때 헤어진 동생이라 여기고 그동안 안 왔다고 "무정한 년"이라며 나를 때렸다. 딸이라고 계속 얘기해 주면 수긍했다가도 바로 도로아미타불이다. 그날 아버지 모신 납골당에 다녀오면서 엄마에게 아버지 보고 싶지 않냐고, 아버지한테 가면 좋지 않겠냐고 했더니 "앞으로 30년은 더 살아서 저거(운전하고 있는 남동생) 장가나 보내놓고 가야지."하며 눈을 흘겼다. 정신이 없어도 그런 말은 또 금방 알아듣는다. "엄마, 쟤는 벌써 아들이 대학생이야." 했더니 언제 그랬냐고 왜 당신한테 연락 안 했냐고 야단이었다.

얼마 전에 서울에 일이 있어 간 김에 엄마 곁에서 하룻밤을 잤다. 이제는 당신 엄마가 초상이 났다고 아침 일찍 강진에 가자고 한다. 그러면서 초상 치를 때 머리에 쓸 수건을 찾는다고 또 잠을 자지 않았다. 간신히 제대로 된 잠을 자려고 안방으로 들어간 언니가 깨서 나올까 봐 조마조마했다. 아침에 밥을 차려 드리고 조카 차를 얻어 타고 아버지 납골당에 갔는데 여기가 뭐하는 곳이냐고 했다. 이젠 아버지가 돌아가신 것도 모르고 당신이 시집을 간 건지, 자식을 낳은 건지 어쩐지 갈피를 잡지 못한다. 모든 게 뒤죽박죽이 되어 버렸다. 금방 밥을 먹고도 '사람을 굶겨 죽인다.'고 성화를 부린다. 외할머니가 예전에 우리 집에 오면 부엌부터 들어가서 솥뚜껑 열어 보며 "즈그들만 밥 먹고 나만 안 준다." 하더니 똑같다.

치매는 본인에게도 가족에게도 힘든 일이다. 아니 가능하면 일어나서는 안 되는 일이어야 한다. 하지만 한 치 앞을 못 보는 게 인생인데……. 그렇게 영민하고 정이 넘치던 엄마는 어디로 갔을까? 이제는 "오매 우리 막둥이 딸 왔는가!" 하는 엄마를 만날 수 없다. 더 이상 나를 딸로 대해줄 엄마는 없다. 나는 엄마를 잃어버렸다.

보낼 수 없는 편지

5년 전에 아버지가 돌아가셨다. 꽃다운 아이들이 물에 잠긴 날에 아버지도 입원했다. 6남매 중 혼자만 멀리 떨어져 사는 나에게 언니는 입원 소식을 알리지 않았다. 여느 때처럼 나는 모르게 하려 했는데 작은언니에게 문자를 보낸다는 게 그만 나에게 보내서 알게 되었다. 워낙 고령인지라 살아계실 때 한 번이라도 뵙는 게 도리인 것 같아 새벽차로 올라갔다. "별일 아닌데 멀리서 뭐하러 왔느냐?"는 언니의 타박과는 달리 아버지 상태는 좋지 않았다. 패혈증이라 했다. 노인들은 그 병에 걸리면 대부분 사망에 이른다고 했는데 말이다.

이미 굳어버린 혀 때문에 음식물은 고사하고 말 한마디 나눌 수가 없었다. 어느 정도 의식이 있기에 "아부지, 아부지 좋아하는 커피 줄까?" 했더니 좋다는 눈짓을 보냈다. 커피를 한 잔 타다가 입술에 적셔 주었더니 입만 달싹거렸다. 줄줄이 꿴 주삿줄로 연명하고 있는 상황이 차마 지켜보기 괴로운데 의사는 하루가 멀다 하고 피검사니 뭐니 하며 각종 검사를 했다. 가망성이 없다면 굳이 힘들게 그런 검사를 할 필요가 있냐고 거부했더니 적극적인 치료를 하지 않는다고 오히려 식구들을 나무랐다.

 일 때문에 하루 만에 내려왔지만 두세 번 더 아버지를 만나러 갔다. 한 번은 위독하다는 말을 듣고 케이티엑스를 타고 부리나케 올라갔다. 그런데 간병을 하던 큰언니와 식구들은 몸이 불편한 작은오빠네 이사를 해야 해서 몇 시간 병실을 비웠다고 되도록이면 빨리 가 보라고 해서 용산역에서부터 정신없이 뛰었다. 이미 일정이 잡힌 것이기도 했고 여러 사정상 미룰 수가 없어 최대한 빨리 짐만 옮겨놓으러 간다는 것이다. 좀더 좋은 집에서 부모님과 작은오빠를 같이 살게 하려는 의도에서 계약했던 집이었다.

 헐레벌떡 병원문을 들어서는데 천으로 쌓인 것이 침대에 실려 나가고 있었다. 가슴이 철렁 내려앉았다. 설마, 설마, 하고 뛰어갔더니 다행히 아버지는 가쁜 숨만 내쉴 뿐 며칠 전 그대로 계셨다. 다만 앙상하게 드러낸 뼈마디만 아프게 눈에 박혔다. 어버이날을 앞두고 난 또 내려와야 해서 어쩌면 이번이 마지막이 될 것 같아 카네이션 한 송이 사서 가슴에 얹어 드렸다. 떨어지지 않는 발걸음으로 내려왔는데, 상황이 길어질 것 같아 요양병원으로 옮긴다는 연락이 왔다. 그리고 며칠 뒤 스승의 날에 아버지는 돌아가셨다.

아버지는 순하셨다. 치매를 앓긴 했지만 성격 그대로 얌전했다. 식구들도 다 알아봤고 힘들게 하지도 않았다. 간혹 엉뚱한 말씀을 하신다거나 기저귀를 뺀다거나 한 번씩 밤중에 밖으로 나가려고는 했지만 엄마처럼 몇 날 며칠을 잠을 자지 않고 억지를 부리거나 욕설을 한다거나 해서 주변 사람들을 지치게 하지는 않았다. 다만 유일한 보호자인 큰언니가 여기저기 아프기도 하고 부모님과 작은오빠까지 세 사람을 돌봐야 하기 때문에 힘에 겨워 아버지를 잠깐 요양원에 보냈다. 그렇게 가기 싫다고 했고, 면회 가면 데려가라고 한 아버지를 잠깐만 계시라고 했는데 어찌 보면 그게 사달이 났다고 볼 수도 있었다. 한두 달 있다가 집에 돌아왔다가 다시 요양원에 간 뒤 한 달이 채 안 되어 그렇게 되었다. 집을 계약해 놓고 다시 아버지를 돌볼 생각이었던 큰언니의 계획이 무산되었다. 언니는 장례식 내내 잘못했다고 울고, 그 일로 엄마는 큰언니를 단단히 오해해서

"저년이 돈 아까워 아버지를 그렇게 만들었다."며 큰딸을 미워했다.

평소에 금실이 좋았던 사이가 아니었다. 무능한 남편을 대신해 6남매를 키우느라 평생을 허덕허덕 살아온 엄마는 아버지가 그야말로 아무짝에도 쓸모없는 인간이라고 생각했다. 그랬던 엄마가 몇 년 전부터 아버지를 대하는 태도가 달라졌다. 먹을 것을 더 권한다거나 아버지에게 살갑게 대한다거나 했다. 돌아가신 다음에도 그렇게 그리워할 줄 몰랐다. 아버지 사진을 보고 한없이 울기만 했다. 미운 정이 들어서일까? 70년을 살았으니 말로 표현할 수 없는 어떤 것이 있기는 할 것이다.

이제 엄마도 돌아가시고 내겐 찾아뵐 부모님이 계시지 않는다. 부모님은 기다려 주시지 않는다는 말이 실감이 났다. 이젠 얼른 찾아뵐 수 있는 여유가 생겼는데. 글을 쓰려고 아버지를 생각하며 일주일을 보냈는데 문득 돌아가시기 몇 년 전에 아버지께 쓴 편지글이 생각났다. 까막눈인 아버지에겐 보낼 수 없는 편지였다. 한없이 무식해서 무능력할 수밖에 없는 90평생 한 많은 인생의 마지막을 향해 가는 아버지를 보며 잠시나마 당신의 마음을 헤아려 보려 했던 것이다. 끝내 보낼 수는 없었지만 무뚝뚝하기만 한 막내딸이 아버지를 그리워하고 있다는 것을 알았으면 좋겠다. 그 마음 한편엔 아침이면 일찍 일어나서 엄마가 필요한 물을 데우고 밤새 식은 구들방을 따뜻하게 군불을 때는 아버지가 있었다.

고향이 사라졌다

　서울에 사는 작은언니가 바람을 쐰다며 훌쩍 내려왔다. 담양 죽녹원과 메타세콰이어 길을 걷고 맛있는 점심을 먹고 나자 마땅히 할 일이 없었다. 언니가 오랜만에 강진이나 가 보자고 했다. 예매한 기차표를 무르고 목포에서 타는 걸로 다시 끊어 놓고 서둘러 고향 집으로 향했다.
　이제는 남의 집이 되어 버린 친정에 두 딸이 맥없이 들어갔다. 새로운 주인은 아직 들어오지 않은 채 텅 빈 집만이 무심히 우리를 반겼다. 텅 비어 버린 장독대, 허물어진 돼지우리와 곳간, 먼지만 켜켜이 앉은 마루랑 부엌에 부모님의 손때가 묻은 살림살이가 그대로라 시간이 멈춘 듯했다. 엄마 돌아가시고 집 정리도 못한 채 남의 집이 되었기 때문이었다. 뭐라 말할 수 없는 쓸쓸함이 가슴을 훑고 지나갔다. 언니랑 어렸을 적 이야기를 하며 뒷산으로 오르다 동네 언니를 만났다.

작은언니 친구인 그이는 시집간 뒤 얼마 안 돼 무성한 소문만 안고 반쯤 정신이 나간 채 돌아왔다. 그 뒤로 죽어라 일만 하는 아줌마로 변해 있었다. 언니의 푸짐한 인심으로 고사리밭에서 고사리를 잔뜩 꺾어 내려왔는데 담아갈 그릇이 마땅히 없어 다시 집안에 들어갔다. 내가 늘 가져다 놓은 봉지들이 있는 방에서 쌀 포대기를 하나 구해 고사리를 담아 나오면서 그 언니에게 뭔가 고마움의 표시를 하고 싶어 둘러보니 화장지가 보였다. 그거라도 줄 양으로 남아 있던 화장지 꾸러미를 들고 나서는데 아까부터 사나운 눈초리로 주시하던, 우리 집 옆 밭에서 일하던 아저씨가 냅다 달려왔다.

"누구요? 누군데 남의 집에 함부로 들어왔소?" "이 집에 살던 딸인데요." 그냥 고향집이 보고 싶어 들어왔는데 졸지에 도둑이 되었다. 그 아저씨가 주인은 아니다. 부모님이 계시지 않는 밭을 묵히기가 뭣해 옆 동네 분이 농사를 지어 먹었는데 여러 가지 일로 큰오빠와 앙금이 쌓여있던 이로 얼굴을 잘 모르지만 대충 짐작 가는 사람이었다. 물론 이미 팔렸으니 당연히 내 집은 아니다. 아직 새 주인은 이사 오지 않았을뿐더러 부모님 살림살이가 정지한 화면처럼 고스란히 그대로 남아있는 집이다. 우리 엄마의 손길이 닿던 화장지 하나 들고 나왔다고 도둑놈 취급을 당하는 것도 그렇고 내 집인데 억울하게 빼앗긴 것 같아 괜스레 분이 찼다. 더이상 서로 얼굴 붉히기가 싫어 그냥 나와 버렸다.

　우리 동네는 큰톳굴, 남산굴, 잔등이라는 곳이 모여 한 마을을 이루었다. 우리 집은 잔등이라는 곳으로 일곱 가구가 모여 산다. 봄이면 그야말로 복숭아꽃 살구꽃 피는 곳이었다. 너 마지기 밭끝에 쓸쓸하게 서 있던 살구나무는 나보다 나이가 많았다. 대문 옆에 자라던 오동나무는 기억에 남지 않는 시간에 잘려 나갔고 집 울타리는 무궁화나무로 이루어져 여름날 열어젖힌 뒷문 사이로 한 자락의 풍경을 선사했다. 밭 울타리는 탱자나무로 둘러싸여 고동이라도 삶아 먹으면 그 가시로 살을 쏙쏙 빼 먹는 요긴한 물건이 되어주었다. 뒤란에 딸기며 부추들이 자라고 앞마당에 봉숭아, 채송화가 꽃을 피웠다. 짐승들을 예뻐하는 엄마는 온갖 가축들을 길렀고 식물을 좋아하는 아버지는 꽃과 나무들을 잘 가꾸었다. 길옆에 자리한 고향집은 양옆으로 밭을 끼고 있다. 어렸을 적 엄마가 접붙여서 단감나무를 여섯 마지기 밭 가득 심었다. 가을이면 노랗게 익은 단감을 따러 책가방을 내려놓지도 않고 밭으로 달려갔다. 아삭하고 달달한 물이 잔뜩 배어 나오는 맛은 감히 시중에 파는 감과는 견줄 수가 없었다. 단감을 좋아하지만 유난히 뛰어난 우리 집 감 맛을 잊을 수 없어 다른 것은 사 먹을 생각조차 하지 않았다.

엄마의 사랑이 단감의 맛을 뛰어나게 한 것 같다. 나무에 좋다는 비료들을 뿌리기도 하고 재와 분뇨와 잡초를 섞어 거름을 만들어 나무 옆에 구덩이를 파고 묻어 주기도 했다. 거름이 될 만한 것들은 죄다 감나무 옆에 묻혔다. 태풍이라도 불라치면 아까운 감 다 떨어진다고 애간장을 태웠다. 그렇게 지극정성으로 길러낸 감은 추석이 가까워지면 시장에 내다 팔기도 하고, 나머지는 자식들 집집마다 보내고 판매도 해야 해서 작은오빠가 트럭을 가지고 와 서울로 실어 갔다. 몇 년을 그러다 보니 소문이 나 항상 우리 감을 기다리는 사람들도 있었다. 딱히 논농사가 없던 우리 집은 감 농사가 전부였다. 그게 부러웠는지 그때부터 동네 사람들이 단감나무를 심기 시작했다. 그전에는 집 안에 종류가 다른 감나무 몇 그루만 있는 게 전부였다.

그렇게 우리 집의 단단한 기둥 역할을 하던 감나무가 어느덧 고목이 되었다. 부모님도 많이 늙었다. 장대를 높이 쳐들고 따거나 나무에 올라가야 하는데 젊은 우리가 하기에도 힘에 부쳤다. 언제부턴가 나무도 조금씩 해거리를 하기 시작했고 갈수록 단감이 적게 달렸다. 다른 농사 짓기에도 불편해서 이젠 거의 애물단지가 되었는데도 감히 베지를 못했다.

해가 가고 부모님이 서울로 떠난 뒤 감나무만 덩그러니 남아 고향집을 지켰다. 그러던 것이 우리 밭에 농사를 짓겠다던 그 사람이 감나무가 불편하니 몇 개 베어내도 되겠냐는 부탁에 그러라고 했더니 모두 베어 버렸다. 어느 날 집을 둘러보러 갔다가 깜짝 놀랐다. 감나무뿐만 아니라 밭둑에 있던 대추나무, 개복숭아 나무까지 심지어 건너편 밭둑에 있는 살구나무까지 모조리 사라지고 빈 밭만 허망함을 가득 채우고 있었다. 화가 치밀기보단 서러움이 왈칵 밀려왔다. 모든 것을 잃어버린 것 같았다.

엄마가 치매를 앓을 때부터 오빠는 집을 팔아 버리려 했다. 관리하기 불편하다는 이유였다. 내가 지금은 돈이 없지만 나중에 살 테니까 조금만 참으라고, 엄마가 아직 살아 계시는데 팔 수는 없지 않느냐, 그게 어떤 땅이냐 했어도 어느 날 조용히 넘겨 버렸다. 큰돈도 아닌데 그걸 그래 버리다니 어쩌면 엄마가 치매여서 다행이라는 생각마저 들었다. 그렇게 엄마는 당신 피 같던 땅과 집이 사라진 지도 모른 채 돌아가셨다. 정신이 온전하지 못한 상태에서도 가끔 집 문서 땅문서를 찾던 분이었다. 큰오빠가 미워 장례식 이후 연락을 끊었다.

  부모님 같은 고향이었다. 힘들 때 기대어 쉬고, 언젠가는 돌아가고 싶은 곳이었다. 엄마 아버지의 손길과 발길이 닿는 곳에 내 시간도 포개져 있다. 이제는 만질 수 없는 부모님의 따뜻한 손처럼 마냥 그리운 것이 되었다. 낯선 타지에서 갑갑한 납골당에 갇혀 계시는 게 늘 가슴에 맺혔다. 혼이나마 고향집으로 다시 모시고 오리라는 나만의 다짐도 헛되이 되어 버렸다. 고향이 사라졌다.

주검

 사랑하는 사람의 죽음은 이제껏 한 번도 겪어 보지 못했다. 5년 전 아버지가 처음이었다. 94세로 생을 마친 아버지는 장수했고 호상이라면 호상이었다. 건강하게 살다가 갔다면 더없이 그럴 것이다. 하지만 병원에서 한 달여를 힘겹게 보내다 유언 한마디 못하고 돌아가셨다. 날이 갈수록 비쩍 마르면서 거칠게 내뿜는 숨은 그대로 가슴에 박혔다. 아무런 손도 쓰지 못하고 죽음과의 사투를 지켜보아야만 하는 자식으로서는 그저 죄스럽고 안쓰러울 뿐이었다.
 임종은 보지 못했고 입관식에서 아버지의 얼굴을 봤다. 사랑하는 아버지를 여읜 슬픔 안에는 주검을 처음 본다는 두려움도 있었다. 식구들 모두 흐느끼며 입관 절차를 지켜보다가 안으로 들어와 작별 인사를 하라는 말을 듣고 아버지에게 다가갔다. 얼마 전까지 뜨거운 피가 흐르던 그 살갗은 차갑기만 했다. 살아생전 다정한 손길 한 번 어루만져 드리지 못하고 뒤늦게야 그렇게 쓰다듬었다. 슬픔이 앞서서인지 내 아버지여서 그런지 생각보다 두렵진 않았다.

아버지가 돌아가시고 일 년 뒤에 작은오빠를 보냈다. 사고로 두 달여를 의식불명으로 지내다 기적적으로 깨어나 오랫동안 병원 생활을 했다. 퇴원하고는 식구들과 요양보호사의 도움으로 생활하다 어느 날 홀연히 떠났다. 요양보호사가 오지 않는 주말 오후에 근처에 사는 큰오빠가 살펴보러 들렀는데 화장실에서 발견됐다. 제대로 걷지 못하는 작은오빠는 여기저기가 자주 깨지는 바람에 피를 많이 흘렸다. 그날도 역시나 거실에 피가 난장판이 되어 있고 화장실에서 물소리가 나니까 씻는 줄 알았다고 했다. 119를 불렀는데 이미 사망 상태라 경찰이 와야 했다. 부검까지 했다.

그렇게 죽은 오빠를 어찌 볼까 걱정이었다. 그런데 창백했던 아버지와 달리 혈색이 도는 듯 약간 붉어 보였다. 아버지처럼 병을 앓다 갔으면 살이 쭉 빠져 앙상한 몸이어서 죽음을 더 인정하기 쉬울 텐데, 살집이 그대로 있어 건강한 몸집이 마치 살아있는 듯했다. 심장이 터져 그렇게 피를 쏟았는데 그것도 모르고 씻겠다고 화장실로 가서 그대로 가 버렸다. 맨정신으로 혼자서 예기치 않은 죽음과 맞닥뜨린 그 공포를 감내했을 걸 생각하면 그렇게 평온한 얼굴을 하고 있다는 게 믿기지 않았다. 정말 죽음은 아무것도 아닐까 싶었다.

그리고 올해 엄마가 돌아가셨다. 이미 같은 곳에서 두 번을 경험한 장례이건만 그래도 주검을 보는 일은 만만치 않다. 엄마는 환자복을 채 벗지도 못하고 영안실의 차가운 냉동실에 누워 있었다. 헝크러진 머리에 마스크도 벗기지 않았고, 단추가 하나 풀리고 옷이 접혀 있는 정돈되지 않은 차림 그대로였다. 무표정한 엄마의 얼굴에선 아무것도 읽을 수 없었다. 미처 임종을 지켜보지 못한 식구들에게 한 번이라도 더 보라고 해서 갔는데 보지 말 걸 그랬다. 죽은 사람은 인권도 없을까?

아버지는 화장하기를 싫어했다. 하지만 고향에 매장하면 자식들이 사는 서울과 너무 멀어 돌볼 이가 없다고 해서 어쩔 수 없이 화장했다. 좁은 땅덩어리에 무덤들로 뒤덮인다고 호들갑을 떨던 때가 엊그제 같은데 요즘은 거의 화장하는 추세다. 엄마는 "죽으면 불로 꼬실라 부러라." 하더니 아버지 화장하는 것을 보고는 묻어 달라고 했다. 하지만 이미 아버지 모신 곳에 엄마 자리까지 생각해 2인실로 사 둔 터였다. 화장터로 간 주검들은 가루만 남겼다. 바람 불면 훌훌 날아가 버릴 것 같았어도 좁은 항아리에 갇힌 신세가 되었다. 영혼들이 오밀조밀 모여 사는 아파트에 부모님과 오빠는 이웃하고 있다. 환경 오염이라는 이유를 들어 함부로 유골을 뿌리지 못하게 하는 법 때문에 고향으로도 돌아가지 못하는 신세가 되었다. 썩어서 없어질 몸뚱아리 흙으로도 돌아갈 수도 없어 죽어서도 영어의 몸이 되어 버렸다. 당신들이 원하지 않았는데도 말이다.

 서울 시립 승화원에서는 하루에도 수많은 주검들이 들어와 한줌 재로 사라진다. 갈 때마다 몇 시간씩 대기하다 순서를 맞았다. 한 사람의 몸이 한 시간 남짓이면 재만 남겨 항아리에 담긴 채 사랑하는 이의 품에 안긴다. 허망하다. 사연 많은 인생만큼이나 주검들도 다양할 것이다. 어쩌면 내가 본 주검들은 아주 평범한 것일 수도 있다. 내 혈육이기에 감정 이입되어 각인되었는지도 모르겠다. 내가 어떻게 죽을지, 어떤 주검일지 모를 일이지만 건강하게 살다 내 의지대로 존엄하게 죽고 싶다.

3부

부모 자리

저녁에 · 120점 · 한라산에 오르다 · 아들의 반전
흙수저 엄마와 두 딸 · 가우도 출렁다리 · 따뜻한 미소 · 남매의 싸움
부모 자리 · 비행기 타다 · 헤쳐모여 · 지금은 격리 중

저녁에

해가 짧아진 탓에 저녁이 일찍 찾아든다. 오늘처럼 날씨라도 흐리면 더욱 그렇다. 서둘러 시장에 갔다. 배추와 무 값이 폭락했다더니 채소 가게에 수북이 쌓여있다. 싹싹한 총각들이 반기는 가게에서 콩나물 대신 숙주나물을 샀다. 그게 어딘가 좋다고 했는데 생각이 안 난다. 세발나물, 파래, 당근 등을 사고 어물전에서 남편이 좋아하는 동태를 한 마리 샀다.

어느덧 날이 저물고 여기저기 네온이 빛을 발하면 저 멀리 보이는 유달산 꼭대기도 불을 밝힌다. 베란다에 나가 고개를 돌리면 어김없이 보이는 유달산 조명이 영 거슬린다. 꼭 귀신이 나올 것만 같은 음산한 분위기로 느껴지는 것은 왜일까?

반찬을 만들고 찌개를 끓이고 나서 저녁을 먹었다. 저녁 먹는 자리엔 늘 남편이 없다. 시장에서 일하는 남편은 열 시쯤 온다. 결혼하고 평일 저녁을 함께 먹은 적이 거의 없다. 직업 때문에 어쩔 수 없다는 것은 알지만 생일이라든지 결혼기념일조차 남편 없이 저녁을 먹는 일은 정말 서글프다. 일찍 퇴근해서 아이들과 놀아주고 저녁 시간을 함께 보낼 수 있는 그런 직업이면 얼마나 좋을까? 내 딸들은 꼭 직업 보고 시집보내야겠다고 다짐한다.

혼자서 세 아이를 단속하며 보내는 저녁 시간은 바쁘다. 해가 떠 있는 동안은 밖에서 뛰어노느라 바쁜 아이들을 공부시키고 책 읽히려면 시간이 없다. 초등학교 3학년인 큰딸, 1학년인 작은딸, 일곱 살인 막내아들, 이렇게 세 명이 모이면 정신이 하나도 없다. 잠깐 집안일로 한눈팔면 어느새 아수라장을 만들면서 놀고 있다. 놀다가 싸우다가 하면서 한 놈은 울고 누구는 이르기 바쁘다. 누구 편도 들 수 없어 소리소리 질러가며 제압한다. 악다구니 치지 않으면 조용히 하기 힘들다. 제일 만만한 큰애부터 책상에 끌어당겨야 한다. 공부할 양이 많은데 쉽게 응하지 않는다. 몇 번의 당부에서 고함까지 쳐야 겨우 책을 편다. 동생들은 노는데 왜 자기만 공부해야 하느냐고 불평한다. 큰애 공부 봐 주느라 실랑이하다 보면 어느새 두 놈이 난리다.

저녁에 공부도 좋지만 책도 읽히고 일기도 쓰게 하면서 오붓한 시간을 보내고 싶었다. 낮에는 얼굴 보기 힘들기에 더욱 그렇다. 하지만 늘 계획대로 되지 않는다. 아이들과 싸우다 보면 벌써 아홉 시가 된다. 잠자기 전에 책을 읽어 주는데 기분이 상해 맛이 안 나는 때가 많다. 열 시에는 자라고 방에 들여보내면 그때부터 아이들은 다시 신난다. 까불고 장난치느라 소란스럽다. 몇 번의 다그침과 엄포 속에도 아랑곳하지 않는다. 그러다 보면 어느새 열한 시가 넘어간다. 결국은 심한 꾸중을 듣고서야 조용해진다.

아이들이 잘 때와 남편이 퇴근하는 시간이 비슷해 참으로 난감하다. 나 또한 그렇다. 막 아이들에게서 한숨 놓여나면 남편이 내 시간을 침해한다. 그래서 어쩔 땐 늦게 들어오는 날이 고맙기도 하다. 한두 시간 여유가 생긴다.

낮보다 밤의 여유가 한결 멋스럽다. 간혹 밤하늘을 쳐다본다. 도시의 불빛에 가려 보기 힘들지만 하나, 둘 보이는 별이 반갑기만 하다. 불 꺼진 건너편 아파트와 조용한 주차장을 내려다보면서 부산함이 사라진 뒤의 적막함을 새삼 느낀다. 하루 종일 시간에 끌려다니며 바둥거리던 내 처지가 가련하다.

120점

첫째로 딸을 낳고 두 살 터울로 둘째를 임신했다. 남편은 내심 아들을 바라는 것 같았다. 본인이 장손이기도 하고 먼저 결혼한 친구들이 딸을 낳으면 아들도 못 낳냐고 놀린 일도 많아 그런 것 같았다. 그래서인지 병원에서 딸이라고 했는데도 낳아 봐야 안다고 믿지 않았다. 끝내 '딸딸이 아빠'라는 별명을 얻었다. 그렇지만 딸 사랑은 지극했다. 항상 아이들이 먼저였다. 내가 아파도 아이들 신경 못 쓰는 게 더 못마땅해할 정도였다.

둘째에 이어 바로 셋째가 들어섰다. 원하는 임신은 아니었지만 낙태할 수는 없어 고민이 많아졌다. 딸 둘을 제왕절개로 낳았기에 셋째도 수술이 가능할지 모르겠고 더군다나 입덧을 생각하면 까마

득하기만 했다. 어린아이 둘을 두고 내 몸도 제대로 간수하지 못해 쩔쩔맬 게 불을 보듯 뻔했다. 거기다 어느 누구에게도 손을 내밀 수 없는 타향에서 고만고만한 아이들을 혼자서 키운다는 게 쉽지 않을 것 같았다. 그래도 생긴 아이를 어떻게 할 수 없어 낳기로 했다. 병원에서는 성별을 묻는 말에 "딸이 많은 집인갑소." 했다. 시어머니는 딸이 둘씩이나 있는데 낳는다고 한 소리 했다고 한다.

  네 살, 두 살 딸을 두고 병원에 입원해야 하는데 맡길 곳이 없어 이번에도 서울 큰언니에게 신세를 졌다. 아직 수술 날짜도 잡지 않았는데 성질 급한 아이는 3주나 빨리 세상에 나오려 했다. 병원이 한창 파업 중일 때라 119를 불러서 갔는데 밥을 먹은 터라 바로 수술을 할 수가 없었다. 대여섯 시간을 진통하고 나서 밤 열두 시가 넘은 뒤에 응급 수술로 태어난 아이는 아들이었다. 간호사는 "아줌마, 아들 낳았어요!" 하며 본인 일인 양 격앙된 목소리로 나를 흔들어 깨웠다. 내 기록을 보고 이미 딸 둘이 있다는 것을 보고 알았나 보다. 분만 준비를 하면서도 자기들끼리 왜 애가 셋이나 되는데 불임 시술을 안 하는지 의아해하며 소곤거렸다. 남편은 만약 딸이라고 지웠으면 어떡할 뻔했냐고 그 병원에 쫓아가려 했다고 지금도 우스갯소리를 한다. 남편으로선 내가 제왕절개를 한 상태라 다시는 아이를 낳을 수 없다는 생각에 아들을 가질 수 있는 마지막 기회라 간절했을 수도 있다.

어쩌면 인연이 없을 수도 있었던 아들을 그렇게 만나 난 세 아이의 엄마가 됐다. 그때만 해도 세 자녀가 많지 않아서 야만인 소리를 들어야 했다. 줄줄이 아이들 셋을 데리고 나서면 솔직히 어쩔 땐 창피하기도 했다. 아들을 바라고 셋씩이나 낳은 것 같아 더 그랬다. 여기 목포에서도 택시를 타면 "다 집이 애기요?" 하고 묻는데 더군다나 서울이라도 가면 사람들이 무슨 원숭이 쳐다보듯 했다. 지하철이라도 탈라치면 요즘 세상에 고만고만한 아이가 셋인 것도 신기한데 또 그 아이들이 전라도 사투리를 써 가며 서울 풍경에 연신 감탄사를 내뱉으니 이목이 집중될 수밖에 없었다. 가능하면 엄마가 아닌 척하고 싶었는데 눈치 없이 이놈 저놈들이 "엄마!"를 연발하는 바람에 들통이 났다.

한 번은 셋째가 중이염이 와서 병원을 가야 했다. 4살, 2살 된 두 딸은 걸리고, 몇 달 안 된 아기는 안은 채 택시 타러 길가까지 나가는 것은 고난의 연속이었다. 이리 뛰고 저리 뛰는 아이들을 불러 대느라 5분도 안 되는 그 짧은 길에 진이 다 빠졌다. 딱 그 자리에 주저앉아 울고 싶었다. 그 누구의 도움도 없이 오롯이 혼자서 키웠다.

그래서 큰딸을 다섯 살부터 피아노 학원에 보냈다. 배우게 하려는 목적이 아니라 잠깐이라도 한 명이 없으면 더 나을 것 같아서였다. 바로 집 근처에 남편 아는 사람이 피아노 학원을 하고 있어서 뭘 가르치기보다는 놀이처럼 뚱땅거리게 하다가 보내라고 부탁했다. 한두 시간이지만 그나마 여유가 생겼다.

큰딸은 예쁘고 영민했다. 친정과 시댁의 사랑을 독차지했다. 특히 남편이 애지중지했다. 한번은 작은언니 결혼식에 참석하려고 남편보다 서울에 먼저 올라가 있었다. 결혼 전날 도착한 남편을 보고 큰애는 오열했다. 까마귀 날자 배 떨어지듯 그때 하필 아이의 눈덩이가 퍼렇게 멍들어 있었다. 누가 보면 아이를 학대해서 그런가 싶었을 것이다. 식구들 앞에서 재롱 피우던 사진을 보면 다들 해맑게 웃고 있어 가장 행복했던 한때가 아닌가 싶다.

아들은 건강히 잘 자랐다. 막내는 둘째가 "언니! 언니!" 하는 소리를 듣고 자라서 한동안 누나들을 언니라고 불렀다. 너무 얌전하게 크는 건 아닌지 한때 걱정하기도 했지만 장난치기 좋아하는 개구쟁이로 자랐다. 둘째가 한동안 밤마다 실례를 해서 한의원에 데려갔더니 의사 왈, "애가 겁나 똑똑한디 너무 뭐라 마씨요." 한다. 그러면서 동생을 낳으면 그 아이는 더 똑똑할 것이라고 했다. 점쟁이 같은 말에 어이가 없었지만 싫지는 않았다. "이미 동생 있어요." 했더니 멋쩍은지 "허허! 잘했네" 하며 웃었다. 한의사의 예언이 적중했는지 다행히 아이들은 영민한 편이었다. 둘 다 초등학교 다니면서 영재반에 들어가 수업을 받았다. 둘째는 명문대에 입학했고 셋째는 중학교에서는 전교 1등까지 하는 기염을 토했는데 고등학교에서는 아파서 성적이 많이 떨어졌지만 그래도 서울에 있는 대학에 진학했다.

남부럽게 입히지도 먹이지도 못했을뿐더러 엄마가 지혜롭지 않아 아이들에게 상처도 많이 주고 매도 들면서 키웠다. 지금 생각하면 미안한 일들이 많다. 희생과 사랑으로 대변되는 어머니상과는 거리가 멀었다. 그래도 아이들은 고맙게도 비뚤어지지 않고 잘 자라 주었다. 아이들 걱정에 잠 못 이룬 날은 거의 없었다. 다만 예정일보다 가장 빨리 태어난 막내가 병치레를 자주 하긴 했다. 지금도 피부 때문에 약을 먹고 있어 걱정스럽지만 죽을 병에 걸린 것은 아니기에 그나마 다행이다. 어리기만 한 줄 알았던 아이들이 이젠 다 컸는지 이번 추석에는 돈을 모아 엄마 아빠에게 홍삼을 한 세트씩 선물했다. 군대에 간 아들은 외할아버지와 외삼촌, 그리고 할머니 장례식을 연거푸 치르면서 훌쩍 자라 어느새 내게 든든한 버팀목이 되었다.

지금 둘째는 학업으로, 막내는 군 복무로, 큰딸은 취준생으로 각자의 자리에서 최선을 다하고 있다. 딸을 낳으면 비행기 타고 아들을 낳으면 버스 탄다는 말처럼 딸 덕분(장학금으로)에 생전 처음 비행기를 타 봤다. 잘난 아들은 국가의 아들이고 남의 아들이 되지만 딸은 잘난 사위를 데려올 터이니 난 한 놈 주고 두 놈 데려오니 남는 장사가 아니겠는가! 자식 일은 함부로 말하는 것이 아니라지만 난 주변 사람들의 부러움을 많이 산다. 가진 것도 잘난 것도 없어 남을 부러워하는 게 더 많지만 자식 이야기에는 목에 힘이 잔뜩 들어간다. 딸 둘에 아들 하나인 내 점수는 120점이다.

한라산에 오르다

지난 1월, 입대를 앞둔 아들과 한라산에 오르기로 한 약속을 지키려고 제주도에 갔다. 아들은 중학교 수학여행에서 한라산에 간 게 너무 좋았다며 다음에 꼭 같이 가자고 했다. 말하자면 입대 기념 등반이라고 할까? 작은딸과 난생처음으로 해외여행을 하고 온 직후라 또 놀러 간다는 것이 걸리긴 했지만 시간 여유가 있을 때여서 눈 딱 감았다. 아들과 둘이서만 가기로 했는데 작은딸이 같이 가고 싶다고 했다. 우린 한라산이 목적이었는데 딸은 걷기를 죽기보다 싫어해 의외였지만 자기는 그 시간에 혼자 여행하겠다고 했다.

내가 생애 첫 비행기를 타고자 간 인천공항은 넓고 세련되고 화려했다. 모든 것이 새롭고 설레기만 했던 공항의 느낌은 두 번째 광주 공항에서 시시함으로 변했다. 비행기가 장난감처럼 보였고 승객들은 고향 사투리가 진하게 풍기는 이웃들이었다. 거기에 내가 늘 보던 풍경들이 발 아래로 펼쳐져 있어 낯설지 않았다. 비행깃값을 아끼려 주중 밤을 택했기에 시간이 지나자 새카맣게 변한 창 밖은 더이상 볼 게 없었다.

예약한 차로 숙소에 가야 하는데 덜컥 겁이 났다. 운전한 지 5~6년이 지났어도 여전히 어렵고 무섭다. 더구나 익숙하지 않은 길이라 더 그렇다. 아이들에게 택시 타고 다니자고 했더니 그럴 수 없다고 차를 빌리는 게 더 싸다고 나를 꼬드겼다. 그래서 내 차와 같은 차종을 택했다. 다행히 길은 한가했다. 숙소의 전화를 두 번이나 받고 늦게서야 도착한 우리는 간단하게 저녁을 때웠다.

새벽같이 일어나 한라산 등반 준비를 하는데 딸도 가겠다고 한다. 기대도 안 했는데 제 발로 간다니 듣던 중 반가운 소리였다. 따뜻하게 챙겨 입으라 하고 여섯 시에 숙소를 나왔다. 새벽빛에 안긴 마을이 낯설어 묘한 매력을 발산했다. 도시를 벗어나 꼬불꼬불한 산길에 접어드니 전날에 왔다던 눈이 보였다. 빽빽한 산길을 나 혼자 가는 것 같아 걱정이 되기도 했다. 한 시간 가량 갔더니 성판악이 나왔다. 주차장은 눈 때문에 들어갈 수가 없어 길가에 차를 댔다.

 하나뿐인 스패츠(spats)와 아이젠(Elsen)을 두 아이에게 나눠 주고 매점에서 김밥 세 줄과 물 하나만 사 들고 오르기 시작했다. 가방에는 큰맘 먹고 산 카메라 한 대만 덜렁 들어있었다. 백록담까지 약 9.6km 눈 덮인 산을 겁도 없이 덤볐다. 시작부터 북적거리는 사람들 때문에 기나긴 줄이 생겼다. 푹푹 빠지는 눈길을 헤치고 앞장서기란 쉽지 않았다. 점차 시야에 여유가 생기자 눈 세상이 보였다. 너무 늦게 가면 입산을 통제한다는 말을 듣고 한달음에 진달래밭 대피소까지 갔더니 체력이 바닥났다. 화장실에 들르고 잠시 한숨을 돌리니 그만 내려가고 싶은 마음이 꿈틀거렸다. 다시 마음을 다잡고 서둘러 올라갔다. 하지만 100미터도 못 가서 주저앉았다. 거칠어진 숨과 쇳덩이처럼 무거운 다리가 나를 붙잡고 늘어졌다. 딸과 나는 10분 간격으로 가다 쉬다를 반복했다. 혈기 왕성한 아들은 저만치 앞서서 걷다가 기다리며 괜찮냐고 묻는다. 드디어 능선이 보이고 다 왔다 싶었을 때 끝도 없는 계단이 약올리듯 우리를 반겼다.

 악으로 버티고 올라간 곳에서 내려다보는 절경은 보상으로 다가왔다. 겨울왕국이 따로 없었다. 달콤한 풍경도 잠시, 다시 칼바람의 추위와 근육통의 고통을 안겨 줄 최후의 관문이 보였다. 죽기 살기로 통과하자 드디어 고지가 보였다. 또다시 표지석 앞에서 사진을 찍으려고 사람들이 긴 줄을 이루고 있었다. 아이들에게 기다릴 건지 물으니 그러자고 한다. 거센 바람에 옷깃을 여며도 피부 깊숙이 파고드는 한기는 사진이고 뭐고 그냥 얼른 내려가고 싶었다. 긴 기다림 끝에 사람들 앞에서 다소 멋쩍은 포즈를 취하며 인증 사진을 찍었다. 백록담의 장관에 탄성을 지르고, 남편에게 영상 편지하고, 사람들 틈 사이로 뛰어다니며 연방 카메라를 누르고 나자 얼른 밥 먹고 내려가야겠다는 생각이 들었다.

바람 가릴 것 하나 없는 곳, 아무데나 주저앉아 김밥을 먹으려고 하니 이가 딱딱 부딪치고 몸이 부들부들 떨렸다. 자연스레 옹기종기 모여 앉은 옆 사람들의 김이 오르는 컵라면에 자꾸만 눈이 갔다. 국물이라도 한 숟갈 얻어먹으면 살 것 같았다. 보온병에 따뜻한 물이라도 준비할 걸 하는 후회가 생겼다. 추위 때문에 저절로 부딪히는 이로 딱딱한 김밥을 게 눈 감추듯 먹고 서둘러 내려왔다. 끝이 안 보이게 멀기만 하더니 다행히 해가 저물기 전에 주차장까지 무사 귀환했다.

차를 숙소로 가는 반대 방향에 주차했기에 가다가 적당한 곳에서 돌릴 생각이었는데 산길이라 내 운전 실력으론 불가능했다. 결론은 한라산 한 바퀴를 돌고 돌았다. 덕분에 제주 바다와 풍경을 원 없이 봤다. 우선 지친 몸을 쉬고 나서 저녁을 먹으러 갔다. 걷기 싫어하는 작은딸은 평생 걸을 몫을 오늘 다 했다고 했다. 그 기념으로 제주 흑돼지를 배불리 먹었다.
"한라산아, 언제 다시 너를 볼거나?"

아들의 반전

 "내비 둬. 지가 하고 싶어서 그런 건데. 주말에 알바하라고 해." 아들의 말투가 퉁명스럽다. "그래도 어떻게 그러냐? 자식이 하고 싶다는데 도와줘야지." "난 알바하고 동아리 활동하고 학교 공부하느라 너무 힘들어. 누나는 알바도 안 하고 놀잖아." 아들의 하소연에 "미안하다. 부모가 가난해서."라며 전화를 끊었다. 아들과 오랜만에 통화했는데 씁쓸한 마음만 남았다.

 막내아들은 카카오 청년 전세 대출을 받아 살고 있다. 하지만 이자가 계속 오르니 걱정이 아닐 수 없었다. 처음에는 2.6%라 관리금 포함 20만 원을 보냈다. 하지만 지금은 벌써 3%로 올라 25만 원이 되었다. 둘째 방세까지 더하면 만만치 않은 돈이다. 내년(2023년)

을 걱정하다 보니 얼마까지 오를지 모르는 대출금 이자도 무섭고 한푼이라도 절약하려면 원금을 더 줄여야겠다는 생각에 아들에게 전화한 것이다. 그동안 1.8퍼센트 이자를 준다는 광고에 시작했던 적금이 있었는데 지금은 이자가 많이 올라 계속 넣는다는 게 의미가 없어 중단하고 다른 상품에 가입했다. 통장에 500만 원 정도 있는데 얼마 안 되지만 원금 상환을 하면 더 낫겠다 싶었다.

아들은 욕심 많은 작은딸에게 내심 불만이 많았다. 작은딸은 명문대에 진학했지만 취업률이 높지 않은 과라 중간에 이중 전공을 선택했다. 그러더니 대기업에 취직하려면 아무래도 석사 학위가 필요하다며 대학원에 가겠다고 했다. 제 앞가림은 알아서 하는 애라 하고 싶은 대로 하라고 했다. 대신 우리 집 형편에 등록금은 대 줄 수 없다고 못을 박았다. 그래서 에스케이하이닉스 장학금을 받으려고 시험을 봤는데 그만 떨어졌다. 얼마나 열심히 준비했는지 아는 터라 많이 속상했다. 펑펑 울며 전화한 딸이 어떻게 하냐고 한다. 저도 집에 손 내밀기 힘들다는 건 알기에 그만둘 수도 있다는 뜻을 내비쳤다. 내년 1월부터 대학원 연구실로 출근해야 해서 주말 알바도 힘들다고 했다. 앞으로 2년 동안 방세와 생활비까지 다달이 큰돈이 들어가야 한다. 대학까지는 본인이 알바도 하고 장학금도 받고 해서 방세 외에는 내 주머니에서 나가는 돈이 없었다. 딸에게는 걱정하지 말라고 했지만 긴 한숨만 나올 뿐이었다.

전화를 끊고 조금 있으니 카톡이 울린다. "엄마, 그런 얘기 하지 마. 절대 미안한 거 없어. 나도 힘들어도 열심히 살고 있다는 말이 하고 싶었던 거야. 그리고 그 돈은 가지고 있어. 급하게 돈이 필요할 때 있잖아. 또 금방 작은누나 이사도 해야 하잖아. 변동 금리가 적용돼도 6개월에 한 번이니 더 기다려 봐."라는 문자다.

아들이 언제 이렇게 자랐나 싶다. 막내라서 마냥 철부지로 봤는데 어느새 내 버팀목이 되어주다니 울컥했다. "고맙다. 내가 아들 잘 키웠나 보다. 몸도 마음도 건강하게 잘 사는 것 같아서. 잘 자."라고 답장을 보냈더니 "넵! 마님도."라며 없는 애교를 떨었다.

아들은 딸이라는 오진을 받고 자칫하면 세상 빛을 보지 못할 뻔했다. 위로 누나 둘이 있었고 또 두 번의 제왕절개로 더이상 아이 낳기가 힘들 수도 있는 상황에서 또 딸이라는 말은 시어머니에게도 남편에게도 좋은 소식은 아니었다. 애가 바뀐 것 아니냐는 의구심이 들 만한 반전을 보이며 태어난 아들은 초등학교 때 또 한 번의 돌팔이 의사의 오진으로 병원 신세를 졌다. 폐가 커졌다는 무서운 말로 입원 치료를 거듭하게 했는데 알고 보니 그 병원의 소아과 환자는 죄다 같은 병명이었다. 그 후로 그 의사는 병원에서 사라졌다.

중학교에 가면서 전교 1등이라는 기염을 토하던 아들은 원치 않은 고등학교에 배정되면서 성적이 곤두박질쳤다. 설상가상으로 원인 모를 피부병에 시달렸다. 밤마다 밤새 긁어 부스럼을 만들었다. 사포 면처럼 꺼끌꺼끌해지고 염증이 올라와 붉어진 얼굴을 하고 등교하면 각 과목 선생님과 친구들의 질문 세례를 받는 것이 죽을 맛이었나 보다. 대인 기피증까지 생겼다. 백방으로 피부과를 알아보고 다녔는데 효과가 없었다. 저녁에 자면서 박박 긁으니 손을 묶어보기도 했다. 나중에는 좀비처럼 피가 줄줄 흐르는 지경까지 되어 입원 치료를 해서 감염된 것은 잡았다.

고등학교 3년간 고생하다 대학에 진학한 뒤 서울에서 새로운 피부과에 다니면서 호전되었다. 군대 다녀올 때까지 증상이 심하면 스테로이드 약을 먹고 가벼우면 항히스타민제로 바꿔 먹다가 최근에야 모든 약을 끊었다. 또 치아가 제멋대로여서 환하게 웃지도 못하고 스트레스가 엄청났는데 나중에 돈 벌어서 하라고 했더니 대견하게도 군대에서 월급 모아 해결했다. 지금 교정하느라 제가 좋아하는 음식을 제대로 먹지 못해 고생한다.

지금 아들은 영광에 있다. 그곳에서 '2022 대학생 스마트 이(e)

-모빌리티 경진대회 내구레이싱 대회'에 참가하려고 내려와 있었다. 뭔지도 몰랐는데 아들이 보내 준 대회 영상을 보고 알았다. 자기들이 만든 소형 전기 자동차로 경주하는데 순위뿐만 아니라 내구성 등 여러 가지를 본다고 했다. 결승선에 3위로 통과했다. 그것 때문에 늦은 밤까지 동아리실에서 살았구나! 이제야 왜 힘들다고 했는지 알았다. 몇 위를 했건 간에 꿈을 향해 쏟아부은 열정이 기특했다. 언제 어떻게 또 어떤 반전을 보여줄지 모르지만 힘든 시간을 잘 이겨내 준 아들을 칭찬한다.

흙수저 엄마와 두 딸

내 청춘은 빛나지 않았다. 치열하게 살지도 않았다. 신념을 좇아 사는 것도 아니고 딱히 목표도 없었다. 크게 잘못 살지도 않았는데 돌아보면 부끄럽다. 난 뭐했을까?

어릴 적 집안 형편이 말이 아니었다. 매번 상급 학교 진학은 나와는 상관없는 일이었다. 그러다 엄마의 욕심으로 막차를 타듯 중학교, 고등학교에 갔다. 강진읍에 있는 인문계 고등학교는 버스를 타고 다녀야 해서 말도 꺼낼 수 없었고 면 소재지에 있는 상고는 정말 싫었지만 유일하게 갈 수 있는 학교였다. 주산이며 부기, 타자 등 나와는 도무지 맞지 않는 과목이 수두룩했다. 일반 과목들은 그리 나쁘지 않게 공부했지만 취업에 도움이 되는 급수는 제대로 따지 못하고 졸업했다.

　먼저 사회에 나간 형제들이 있는 서울로 갔다. 당당하게 시험 봐서 취직을 할 수 있는 능력은 없었고 소개로 찾아간 곳이 참치로 유명한 'ㄷ' 회사였다. 첫날 사무실 근무는 손에 땀을 쥐게 했다. 커피는 마셔 본 적도 없는데 타오라고 해서 애를 먹었고, 시키는 일은 무슨 말인지 도무지 알아들을 수가 없었다. 다음 날 출근하니 누군가를 따라가라고 했다. 미로 같은 길 끝에서 지하 매장이 나왔다. 그렇게 시작한 일이 특수 영업부 판매사원이었다. 아무것도 모르는 어리숙한 촌뜨기였으니 어쩔 수 없었다.

　첫 근무지가 정부종합청사(옛 중앙청) 공무원 연금 매장이라 손님들의 위세가 대단했다. 여러 가지 지켜야 할 규율과 규칙들이 있었다. 거기에 회사에서는 판매 목표를 채우라고 성화고, 동료 남자 직원이나 상사는 여직원에게 불쾌한 언행을 밥 먹듯이 했다. 결국 당당하게 사표를 내고 나왔다. 하지만 배운 게 도둑질이라고 또 다른 'ㅎ제과' 판매직으로 들어갔다. 서울 시청을 비롯하여 주요 관공서에서 근무하면서 그들의 추태를 많이 보았기에 나중에 공무원 시험을 준비하려다 포기했다. 그렇게 제과회사에서 10년 근속하고 늦은 나이에 결혼해서 목포로 왔다.

일이 손에 익을 무렵 공부에 목이 말랐다. 가지 않은 길이라 더 간절했다. 무엇보다도 대학 생활의 낭만을 느껴보고 싶었다. 야간 학원에 등록하고 열심히 다녔지만 일과 학업을 병행하기엔 무리였다. 아니 의지가 약했는지 모르겠다. 나중에야 한국방송대학에 입학해서 꿈을 이뤘다. 공부를 못하지는 않았기에 엄마가 대학을 못 보낸 것을 무척 가슴 아파했다. 대학 졸업장은 내게 움츠린 어깨를 펴게 했고 엄마에게도 선물이 되었다.

직장에 다니면서 저녁이나 새벽반에 등록해서 일본어를 몇 년간 공부해 1급까지 땄다. 일본에서 대학을 다닐 수 있었다. 어쩌면 인생을 바꿀 수 있는 기회일 수도 있을 것 같아서 유학을 진지하게 고민해 봤다. 하지만 낯선 타국에 갈 용기가 없었다. 인생은 한 치 앞도 알 수 없기는 하지만 과감하게 도전했더라면 좀더 나은 삶을 보내고 있을 텐데 하는 후회가 일었다. 그래서 대부분의 부모님들이 그렇듯 내 아이들은 나처럼 살지 않기를 바랐다. 개천에서 용 나는 시절이 아니기에 용 비슷한 것도 바라지 않는다. 다만 후회하지 않는 청춘을 보냈으면 싶었다. 군대에 간 막내는 이제 막 청년기에 들어섰기에 그렇다 치더라도 가장 찬란한 나이대를 지나고 있는 큰딸은 나를 답답하게 한다.

큰딸은 너무 태평스럽다. 다른 지방 대학에서 사회복지학과를 졸업하고 와서 지금은 청년 일자리 사업에 응시해, 기독교 단체에서 8개월간 계약직으로 일하고 있다. 11월부터는 취준생이 된다. 직장 생활이 힘들다고 매일 징징거리면서도 더 나은 직장을 잡으려고 미리 준비하지 않는다. 사회복지사 1급에 떨어지고도 코앞으로 다가온 시험도 손놓고 있다. 딸은 퇴근하자마자 차려 주는 밥을 먹고 운동하러 간다. 외모에 관심이 많을 나이지만 몸매보다는 마음껏 먹으려고 운동을 한단다. 운동을 다녀오면 씻고는 핸드폰과 한몸이 되어 뒹굴거리다 잔다. 입을 다물고 있자니 속이 터진다. 뭔가 꿈이 있었으면 좋겠다. 다시 오지 않을 이 소중한 시간을 알차게 보냈으면 하는 마음에 잔소리하지만 딸에게는 쇠귀에 경 읽기다.

이에 반해 작은딸은 서울에서 학교를 다니는데 욕심이 많다. 원하는 학과에 지원이 어렵자 차선책으로 선택한 지구환경과학과는 취업이 잘되는 인기 학과가 아니라서 불안해했다. 그래서 이중 전공으로 전자공학을 택해서 공부하고 있다. 자기는 대기업에 취직하는 게 목표라고 했다. 중소기업도 좋은 데 많고 학자나 연구원 등 다양한 직업들을 생각해 보라고 해도 돈을 벌려면 대기업이 최고라 하면서 결혼도 안 하겠다고 했다. 집 한 채 사려면 평생 모아도 못

살 텐데 어떻게 결혼해서 애 키우냐고 했다. 그리고 아이 때문에 본인의 성장을 방해받고 싶지도 않다고 했다.

 장학금을 받고, 또 좋은 데 취업하려면 학점 관리를 잘해야 해서 작은딸은 공부에 치여 산다. 집에 내려와서도 책을 끼고 지낸다. 그렇게까지 치열하게 해야 하나 싶어 대학 생활을 좀 즐기라고 해도 불안해서 놀 수가 없다고 했다. 용돈도 해결하느라고 과외를 하는데 공부하지 않으려는 아이를 이끌어 가려니 힘이 든다고 했다. 사회에서 살아남기 위해 벌써부터 발버둥을 치는가 싶어 안쓰럽다.

 너무나 다른 두 딸이 반반 섞였으면 얼마나 좋았을까 하고 넋두리를 해 본다. 큰딸은 좀더 욕심을 내고 작은딸은 다른 것에도 관심을 두는 여유를 부리기를 바랄 뿐이다. 각양각색의 사람들만큼 다양한 삶이 있기에 본인에게 가장 잘 어울리는 색깔을 지니고 살면 좋겠다. 비록 엄마의 흙수저를 다시 물고 태어났지만 그들의 앞날은 창창하기를 바란다.

가우도 출렁다리

작은딸이 휴학하고 집에 내려온 지 넉 달 남짓 되었다. 막내까지 대학교에 가면서 텅 비었던 집이 다시 북적거렸다. 작년에 큰딸이 졸업하고 집으로 돌아왔고, 올해는 작은딸이 합세했다. 올 8월이면 의경인 막내가 전역한다. 꿈에 그리던 32평 넓은 집으로 이사한 지 5년 만에 다시 좁은 집으로 탈바꿈해 버렸다. 세 군데서 살림을 꾸렸던 짐들이 모였으니 집인지 창고인지 구분이 안 된다.

  작은딸은 올해 대학 4학년이 되는데 대학원 진학을 위해 공부를 잠시 쉰다고 했다. 처음에 대학원에 가면 어떠냐는 의견을 물었을 때 난 "니 하고 싶은 대로 해라. 꿈은 응원하지만 형편상 경제적으로는 못 도와 준다."고 못을 박았다. 딸은 교수님과 상담도 하고 주위 사람들에게도 여러모로 조언도 구하면서 결론을 내리고 집으로 내려왔다. 코로나로 서울에 있는 게 불안했는데 집으로 돌아오니 일단 한시름 놨지만 다시 복닥거리며 살 생각에 아찔했다.

당장 빨랫감부터 늘어났고 늘어지게 자는 것도 눈에 거슬렸다. 내 시험 공부에 매달리느라 힘들어 죽겠는데 매 끼니 준비하는 것도 일이었다. 두 딸이 식성이 완전히 다르기도 하고 편식도 심해 누구의 입맛에 맞춰 준비해야 할지 늘 고민이었다. 그렇다고 매번 고기반찬만 하는 것도 그렇고 배달 음식을 먹거나 외식하는 것도 건강과 환경은 물론 경제적으로도 문제였다. 나도 고기 좋아하고 외식하는 것도 즐기지만 잡곡에 소박한 반찬으로 먹고 싶은 마음도 간절했다.

작은딸은 옷 짐을 미처 다 풀지 못하고 지냈는데 고등학교 다닐 때 쓰던 책상을 빼고 작은 방을 정리해야 되는 형편이었다. 내가 시험공부로 바빠 시간 내기가 어려웠다. 그러다 옷장으로 쓰고 과외에 필요한 교재를 둘 책꽂이로도 사용할 수 있는 작은 상자 몇 개를 사고 싶다고 했다. 인터넷에서 이것저것 고르더니 계산은 누가 하냐고 물었다. 그래서 필요한 사람이 내는 것 아니냐고 그랬더니 당장 목소리가 달라지면서 안 산다고 했다. 그리고는 내 책이 꽂혀 있는 책꽂이를 당장 비워내라는 것이었다. 왜 읽지도 않는 책을 두었냐는 거였다. 억지도 유분수지 어이가 없었다. 며칠간 냉랭한 기운이 감돌았다.

또 한번은 본인 과외 때문에 큰애가 모아 둔 돈으로 중고차를 사서 끌고 다녔는데, 처음에 약속했던 것처럼 제 언니가 퇴근 시간에는 쓸 수 없으니 택시비라도 계산해서 줘야 하는 거 아니냐고 했더니 불같이 화를 냈다. 그건 자기하고 언니하고 문제니 간섭하지 말라는 것이었다. 과외가 늘어나자 내가 농담으로 "네가 우리 집 소녀가장이다." 했더니 그 말도 부담스러우니 하지 말라고 냉정하게 말했다. 세상에나, 내가 돈이라도 달라고 했으면 큰일났겠다 싶었다. 그렇게 서운할 수가 없었다. 내가 비록 놀고는 있지만 실업 급여를 받고 있고 새 학기에 다시 일을 시작할 수 있어 제아무리 궁해도 딸에게 부담 지우지 않을 텐데 그런 말을 하다니 기가 막혔다. 경제활동을 못 해서 손이라도 벌렸으면 서럽겠다. "내가 너에게 돈을 달라고 했냐? 농담도 못하냐?"고 쏘아붙였다. 빈말이라도 "엄마, 이거 얼마 안 되지만 맛있는 거 사 먹어."라는 말은 못 할망정 그렇게 해야 하는지 냉정하기 그지없는 작은딸이 자식이 아니라 남 같았다.

자식들이 클수록 멀어지는 느낌이 들었다. 4년을 객지에서 공부하고 돌아온 큰딸도 손님 같았는데 작은딸도 마찬가지였다. 부모와 자식은 일 촌이라지만 가끔 이웃사촌보다 먼 존재 같았다. 앞으로 작은딸과 막내아들은 별일 없으면 서울에서 자리 잡고 나름대로 살 텐데, 그러면 식구로 부대끼며 살 수 있는 시간이 많지 않을 것이다. 몸이 멀어지면 마음도 멀어지듯 어쩌면 부모와 자식이라는 끈 이외에는 붙들어 매줄 것이 없는 불안한 관계가 될 수도 있을 것만 같다. 그래서 비록 이렇게 아웅다웅하며 지내기는 하지만 이 시간이 다시 없는 행복한 시간이 되어 쌓이길 바랄 뿐이다.

  바빠진 작은딸과 일요일 오후에 바람 쐬러 나갔다. 강진 가우도 출렁다리를 건너서 섬 한 바퀴를 돌았다. 바람에 흔들리면 출렁거리기도 하는 다리지만 오늘은 잔잔하기만 했다. 파도에 실려 오는 바다 내음이 살랑이며 마스크에 감춰진 코를 간질거리게 했다. 향기가 천 리까지 간다는 천리향 꽃향기도, 화장실 냄새가 난다는 사스레피나무 꽃향기도 봄 냄새에 버무려졌다. 도란도란 얘기하며 걷는 길이 좋았다. 작은딸은 나와 대화가 통해 좋은 친구가 되어주기도 한다. 오랜만에 오붓한 시간을 보내며 그동안 무겁기만 했던 날들을 파도에 실려 보내고 내 마음도 봄바람처럼 가벼워졌다. 냉정하게 따지고 드는 성격에 감당하기 버겁지만 그래도 예쁜 딸이다.

출렁다리처럼 우리도 가끔은 흔들리지만 그 다리는 비가 오나 눈이 오나 계속 그 자리에 있는 것처럼 나도 딸도 제자리에 있을 것이다.

따뜻한 미소

작은딸이 어렸을 때 야뇨증이 있어 꽤나 이름이 알려진 한의원을 찾아갔다. 진맥하던 의사가 "얘가 아주 똑똑하니 뭐라고 야단쳐서 기를 죽이지 마씨요."라고 했다. '아니, 자기가 무슨 점쟁이인가?' 싶어 웃음이 나왔지만 기분은 좋았다. 우리 엄마도 "둘째가 겁나 영리해야." 하면서 볼 때마다 칭찬했다.

그런 아이가 초등학교에 들어가서 지능검사를 했는데 결과지를 받지 못했다. 큰아이는 받아와서 아이큐 검사한 걸 알았다. 그러나 둘째는 당시 지능검사 결과를 알려주지 않도록 규정이 바뀌었다고 했지만 결과가 궁금했다. 같은 동네 딸 친구는 담임선생님이 아이큐가 150이 넘게 나와 아주 똑똑하니 엄마에게 아이 공부 좀 시키라는 얘기를 했다고 했는데 말이다.

평범하게 초등학교를 보내다가 우연히 시 교육청에서 운영하는 '발명 영재반'에 들어 수업을 들었다. 별다른 두각을 나타내지도 않았는데 '영재'라는 말이 너무 부담스럽긴 했지만 자랑스러웠다. 1년 내내 교문에 그 이름이 적힌 플래카드가 나부꼈다. 그러나 교육열이 대단한 엄마들과는 이질감이 느껴졌고 정말 창의력이 뛰어난 아이들이 많은 곳에서 딸은 너무나 평범했다. 그래도 다양한 활동에 참여한 경험이 아이에게 자신감을 심어 주었다.

초등학교를 졸업하면서 원하는 중학교에 배정받지 못한 아이는 그야말로 낙동강 오리알이 되어 버렸다. 동급생 중에 동문이 세 명밖에 없는 학교였다. 펑펑 울던 얘가 나중에는 "엄마, 난 우리 학교가 진짜 좋아!" 할 정도로 적응을 잘했다. 하지만 1학년 말에 친하게 지내는 아이들에게 그만 왕따를 당하고 말았다. 학교에서 토요일에 광주로 음악회에 가는데 먼저 친한 아이들과 시내에서 만나 점심을 먹고 가자고 했는데 자기들끼리 약속 장소를 바꿔버린 것이다. 기다리다 지친 아이는 여기저기 전화를 걸었으나 받지 않았고 겨우 한 친구가 그 사실을 알려 줬다.

친하게 지내던 아이들이라 충격이 컸다. 말로만 듣던 왕따를 내

아이가 당할 줄은 몰랐다. 어떻게 해야 될지 몰라 고민이 컸다. 우선 아이를 달랬다. 어느 정도 안정을 찾은 아이와 이런저런 이야기를 나누고 왕따를 당할 만한 이유가 무엇인지 되짚어 보라고 했다. 그러면서 "이 기회에 너도 친구들을 따돌린 적은 없었나 생각해 볼 수 있는 기회가 됐으면 좋겠다."고 말해 주었다. 다행히 담임 선생님이 여러 가지로 적절히 개입해 대화로 풀어가는 분위기였고 학기 말이라 방학 동안 마주치지 않는 것도 도움이 되었다. 자기주장이 세고 리더십이 강했기에 자초했던 위기였다.

  한 번 학교 배정에 실패한 후라 고등학교는 신중하게 선택하기로 했다. 난 공립 중학교를 나왔으니 이번엔 공부를 많이 시키는 사립 고등학교에 진학해서 열심히 공부하기를 바랐다. 하지만 자기는 공립 고등학교에 가서 스트레스 안 받고 공부하고 싶다고 해서 존중해 주었다. 원하는 학교에 가서 진득하니 공부하더니 내신이 좋았다. 수시 원서를 쓸 때에도 내 의사를 거의 묻지 않았고 알아서 했다. '할아버지의 재력, 엄마의 정보력, 아빠의 무관심'이 대학 입학을 좌우한다는데 우리 집은 해당 사항이 없었다. 그래도 얕은 지식과 정보지만 이런저런 말을 하면 들으려고 하지 않았다. 뭘 모르고 하는 소리라고 일축했다. 어차피 내 의견이 반영되기를 바란 것은 아니었지만 조금이라도 도움이 될까 하고 말한 거였다. 다행히 명문대에 진학해서 열심히 공부하고 있다.

아이의 이름을 지을 때 마음이 넓고 깊은 사람이 되라는 의미로 '물 깊고 넓을 윤(贇)'자를 썼다. 하지만 아이는 지나치다 싶을 정도로 자기 생각을 고집하고 가끔은 너무 냉정한 것 같아 내 애를 끓게 했다. 내 딸이고 식구이기에 허용되는 일이지만 남들은 아닐 것이다. 남들과 부대끼며 살아야 할 텐데 제 뜻대로 하다간 본인이 더 힘든 일이 생길 것이다. 자기 일은 알아서 하는 성격이어서 제 앞길은 걱정이 없지만 세상은 나 혼자 살아가는 것이 아니기에 좀 따뜻한 사람이 되었으면 하고 휴대폰에 '따뜻한 미소'로 저장했다. 깊고 넓은 사람이라면 당연히 마음도 따뜻하겠지만 그 미소로 주위 사람들도 더불어 행복하게 했으면 좋겠다.

남매의 싸움

"철수(가명, 동생)가 아직 나한테 사과 안 한 건 알고 있지? 나는 솔직히 철수가 나한테 엄마 앞에서 여러 번 욕하고 나를 무시했는데 엄마든 아빠든 걔를 아무렇지 않게 대하고 아무 일 없던 것처럼 넘어가려고 하면 나는 엄마 아빠가 철수가 그럴 만했다고 인정해 주는 것 같아서 (그럴 리는 없겠지만) 또 철수가 그렇게 느낄 것 같아서 기분이 나빠. 철수에게 잘해 주지 말라는 게 아니고 내가 이런 마음인 걸 좀 알아 줬음 좋겠고 이래서 가족 톡도 읽기 싫고 대답하기 싫었다고 말하고 싶었으."

추석에 동생과 심하게 싸우고 서울로 돌아간 다음에 가족 채팅방에서 둘째가 별 반응을 안 보이길래 "영희(가명)는 뭐하냐?"는 내 물음에 이렇게 긴 문자를 보냈다. 둘째 딸과 막내아들은 남도학숙이라는 곳에서 함께 생활하고 있다. 연년생인 두 아이는 작년과 올해 서울에서 학교에 다니게 되었다. 둘 다 학교가 멀긴 하지만 기숙사비가 싸기도 하고 또 같은 곳에서 서로 믿고 의지하며 살 거라 생각하고 선택한 것이었다. 넉넉하지 못한 용돈에 혹시라도 급한 일이 생기면 요긴하게 쓰라고 아빠 카드를 막내에게 줬다. 고등학교 다닐 때에도 수시로 병원에 가야 하는 일이 많아 가지고 다녔던 것이기도 했다.

 추석 이튿날, 큰애도 비염이 심하고 아들도 감기에 걸려 연휴에 항상 문을 여는 병원에 전화했더니 12시까지 진료한다고 했다. 서둘러 병원에 가려는 아들에게 병원비는 본인 돈으로 내라고 했더니 아빠 카드를 쓴다고 했다. 병원비는 얼마 안 들고 용돈 받은 것도 있으니 그러면 될 것 아니냐고 하려던 찰나 둘째가 먼저 한 소리 했다. 아빠 카드를 개인적인 용도로만 쓴다고 쓴소리를 하니까 "너도 많이 썼지 않느냐?"며 시비가 붙었다. 내가 말릴 새가 없었다. 서로 감정이 격해지길래 우선 병원부터 다녀오라고 했다. 집을 나선 막내아들이 화가 치밀었는지 다시 들어와 욕을 하고 문이 부서져라 닫고 나갔다. 작은딸은 흥분해서 같이 끊은 버스표를 취소

해 버린다고 난리였다. 그러면 연휴 끝인데 어떻게 서울 올라가냐고 간신히 말렸다.

　작은딸은 약속이 있어 나가고 병원에 다녀온 아들은 내 기분도 안 좋은데 싸워서 미안하다고 바로 사과했다. 그렇지만 작은딸에게는 절대 사과하지 않겠다고 했다. 사실은 전날에 도를 넘는 시어머니의 언행으로 죽고 싶은 심정이었다. 틀어질 대로 틀어진 사이여서 명절에도 아이들과 남편만 시댁에 갔는데 남편과 아들이 잠시 나간 틈을 타서 두 딸을 붙잡고 내 욕을 했다고 했다. 작은애 성깔로 그 말을 견딜 수 없어 간다며 나와 버렸고 큰애만 남아서 아빠를 기다렸다. 울며불며 집에 온 작은애는 왜 이혼 안 하고 사느냐고 자기 이름을 호적에서 파 버리고 싶다고 했다. 큰딸도 돌아오는 차에서 펑펑 울고, 한바탕 난리를 치렀다. 그 뒷날 둘이 싸움을 한 것이다.

　병원에 같이 다녀온 큰애가 철수가 둘째에게 쌓인 게 많아서 참다 참다 폭발한 것 같다고 했다. 가끔 나에게 전화를 걸어 하소연하기도 해서 대충 짐작은 갔다. 평소 자기주장이 강하고 다소 냉정한 성격인 둘째가 걱정이었다. 명문대에 진학한 작은애는 본의 아니게 잘난 체를 하기도 한다. 물론 본인의 노력 끝에 얻은 거라 자부심을 갖는 것은 좋지만 그것이 언니나 동생에게 언뜻언뜻 내비치기도 해 걱정스러웠다. 자기 일을 야무지게 잘 해내는 점에서 다른 결점들이 많이 희석이 되기도 하지만 조그만 더 너그러우면 좋겠다는 생각을 자주 한다. 그에 비해 아들은 제법 어른스런 포용력을 보이기도 해 많이 참는 편이다. 막내는 중학교 다닐 때는 전교 1등까지 하던 우등생이었는데 고등학교에서는 성적이 많이 떨어져 자기가 원하는 명문대에 가지 못해 스스로 자존감이 좀 낮아져 있었다. 그런 상황에서 카드 사용 건만 가지고 다투어야 했는데 화가 난 아들은 명문대만 다니면 다냐고 시비를 걸었고, 누나는 누나대로 자격지심이라고 맞받아쳤다. 논리적으로는 작은애한테 당하지 못한다. 자기 잘못 또한 쉽게 인정하지 않는다.

  저녁에 서로가 화가 난 상태에서 내가 개입해 봤자 더 크게 싸울 것 같아 일단 누나에게 욕한 것은 무조건 잘못했으니까 그것만큼은 사과하라고 했다. 내 앞에선 한 번도 욕을 안 하던 아이였기에 나 또한 충격이 컸다. 그렇지만 아들은 죽어도 그렇게 하지 않겠다고 버텼다. 당장 서울로 가겠다고 했다. 차표도 없고 시간도 늦었는데 고집을 피워서 이래저래 나도 참지 못하고 내 말 안 들을 거면 나가라고 했다. 용돈이 있어 그런 것 같으니까 돈도 다 두고 가라고 했더니 비상용 카드마저 내놓고 정말 짐을 싸 들고 나가 버렸다. 이런 일은 처음이었다. 성격이 급한 아들이 당장 무슨 일이라도 저지르면 어떡하나 밤새 가슴을 졸였다. 다행히 아침에 복도 계단에 앉아 자고 있는 아들을 출근하던 남편이 발견하고 들여보냈다.

전날 저녁부터 계속 굶던 아이가 먼저 터미널에 가겠다는 것을 누나랑 같이 데려다주겠다고 붙잡고, 점심 먹으라고 잠시 두 딸과 커피 마시러 가자는 핑계로 자리를 비켜 주었다. 무서울 정도로 밥을 많이 먹는 아이는 끝내 아무것도 손대지 않았다. 그리고는 터미널에 가면서 또다시 싸웠다. 작은애가 한꺼번에 끊어 핸드폰에 저장되어 있던 표를 아들이 자기에게 보내라고 했는데 화가 난 둘째가 선뜻 말을 안 듣자 또 뭐라고 욕을 했다. 속이 부글부글 끓었지만 참았다. 차에서 내리기 전에 공공장소에서 절대 싸우지 말고 두 사람 모두 참으라고만 몇 번이고 부탁했다. "쟤가 나 때릴 것 같은데 어떡해? 그래도 나 내비 둬? 그러면 나 신고할 거야." 하며 작은애가 화를 돋우었다.

같은 버스를 타고 서울로 가고 기숙사로 돌아가면서도 남 보듯하며 갈 것을 생각하니 한숨이 절로 나왔다. 그새 무슨 일이 일어날까 봐 조마조마하기도 했다. 시간은 더디게 흘렀다. 도착 소식이 없는 애들에게 저녁 늦게 잘 갔냐고 물었더니, 막내는 화를 내서 미안하다 하면서도 둘째에게는 절대로 사과하지 않겠노라고 문자를 보내왔다.

  마음을 추스르면 서로에게 사과하라고 시킬 예정이었는데 좀처럼 쉬워 보이지 않는다. 같은 피를 나눈 남매인데 용서 못 할 일이 어디 있느냐고 우리는 식구 아니냐고 설득해야겠다. 비 온 뒤에 땅 굳기를 바랄 뿐이다. 아이들 키우기 참 어렵다.

부모 자리

 마음이 바빴다. 얼른 들어가 시장 봐서 반찬 만들어야 하는데 모임이 쉽게 끝나지 않았다. 멀리서 온 사람들은 날씨도 추우니 빨리 가라고 은근히 재촉해 마무리를 짓고 마트에 들렀다. 큰딸이 좋아하는 것들을 생각하며 시장을 보는데 고기 말고는 딱히 살 것이 없다. 편식이 심한 아이는 안 먹는 것투성이다. 돈가스용 돼지고기, 오징어채, 어묵, 소고기 간 것, 애호박, 차돌박이 등을 샀더니 6만 5천 원이 나왔다.
 집에 오자마자 그대로 부엌으로 가서 음식을 만들기 시작했다. 우선 다시마와 뒤포리로 육수를 내어 차돌박이된장찌개를 끓였다. 고기양이 애매해서 반만 넣을까 하다 "우와! 고기다!"라며 좋아할

아이 얼굴이 떠올라 그냥 다 털어 넣었다. 애호박은 적당한 크기로 썰어 소금을 뿌려 두고 돼지고기는 소금과 울금 가루를 뿌려 밑간하고 밀가루를 묻혀 계란물에 담가 빵가루를 입혔다. 어묵은 몸에 좋지 않은 성분들이 빠지도록 끓는 물에 살짝 데쳐 간장과 고춧가루를 넣어 볶고, 소고기 간 것은 양파 다진 것과 같이 볶다가 잡내를 없애기 위해 울금 가루를 넣고 고추장을 더해 소고기 고추장을 만들었다. 집에 있는 콩나물은 데쳐 조물조물 나물로 무치고 절여 놓았던 호박은 노릇노릇하게 호박전을 부쳤다.

두 시간에 걸쳐 만든 반찬들을 담았다. 차돌박이된장찌개는 한 끼 분량으로 나눠 냉동실에 넣어두고, 돈가스는 튀기지 않은 채로 모아 둔 일회용 용기에 하나씩 펼쳐 담고, 나머지는 작고 가벼운 반찬 통에 담았다. 여기에 김치까지 더하면 당분간 든든하게 먹을 수 있을 것 같다. 낼 택배로 부칠 거다. 오랜만에 엄마 노릇 제대로 한 것 같다.

큰딸은 내 기대와는 달리 공부와 담을 쌓았다. 가진 것 없고 잘난 것 없는 집안의 큰딸이니 제 앞길이라도 제대로 개척하기 위해서는 공부가 답이라고 생각했다. 제법 명석한 머리를 갖고 태어난 것 같아 공부하기를 바랐으나 큰 관심을 보이지 않았다. 그렇다고 딱히 좋아하는 것이 있거나 다른 것에 재능이 보이지도 않았다. 애가 탔으나 독하게 아이를 닦달하지는 못했다. 어느 순간 '그래 니 인생이니 니 맘대로 해라.'며 크게 간섭하지 않았다. 대학에 들어갈 때도 학자금 때문에 국립대만 원서를 쓰고 학과는 알아서 하라고 했더니 실력에 맞춰 가까운 지방대 사회복지학과에 들어갔다. 다행히 적성에 맞는 것 같았다.

 1학년 때는 기숙사에 있었으나 학점이 낮아서인지 2학년부터는 들어가지 못했다. 원룸을 얻어 1년을 보내고 다시는 헛돈 안 들게 제발 공부 좀 하라고 했더니 "엄마, 학점 높아도 떨어져." 하면서 3년 내리 원룸에서 생활했다. 방세 생각하면 길에다 돈 뿌리는 것 같아 아까워 죽겠는데 얘는 그저 사는 게 즐거워 보였다. 처음에는 이것저것 반찬을 원하더니 어느 순간부터 김치 외에는 싫다고 했다. 돈뿐만 아니라 건강을 위해서라도 되도록이면 사 먹지 말라고 했는데 즉석식품이나 배달 음식으로 때운다. 비쩍 말라 생전 살은 안 찔 것 같던 아이가 어느새 통통이가 됐다. 4학년 졸업반인데도 걱정이 없어 보인다. 계속해 오던 알바도 쉬고 학교 가는 날도 하루뿐이어서 마냥 신나는 아이는 집에 자주 왔는데 요즈음은 졸업작품 발표회 준비로 뜸해졌다. 지난번에 집에 왔을 때 김치를 가져간다고 해

놓고 깜빡하고 그냥 갔다. 냉장고에 아무것도 없다고 해서 김치와 반찬 몇 가지 해서 보내 준다 했더니 예전과 달리 좋아라 했다.

가끔은 철이 없어 '저걸 어쩌나?' 싶다가도 '다 컸는데 지 알아서 하겠지.' 하면서 두고 본다. 물론 4년간 내리 아르바이트하느라 본인도 힘들었을 것이고 앞날 걱정도 하고 있을 것이지만 내 눈에는 그렇게 보지 않는다.

큰애에 비해 작은딸은 야무져서 기댈 언덕이 없는 집이니 제 앞가림하려고 그러는지 악착같이 공부한다. 처음에 택한 학과가 박사학위라도 따야 연구소에라도 들어갈 수 있을 것 같아 길게 공부하는 것을 목표로 잡았는데 우리 집 형편에는 안 되겠다는 생각이 들었는지 전공을 하나 더 선택했다. 미대에 가고 싶어 했으나 경제적인 이유로 스스로 꿈을 접고 공부로 방향을 튼 아이라 대견하기도 하고 미안하기도 했다. 이런 동생을 봐서라도 언니로서 좀 의젓한 모습을 보이면 좋겠는데 늘 아쉽다. 돈과 명예가 다는 아니지만 요즘 같은 세상에서 가진 게 없으면 불가촉천민처럼 살아야 한다. 떳떳하게 내 목소리라도 낼 수 있으려면 남들이 쉬는 날 나도 그럴 정도의 최소한의 경제력과 작은 직함 하나라도 가지고 있어야만 한다. 소소한 행복을 누리며 그렇게 살기를 바랄 뿐이다.

두 동생은 순전히 돈 때문에 학교와 거리가 먼 기숙사에서 생활한다. 아침 일찍부터 학교에 가랴 알바하랴 하루 종일 종종댄다. 대학 생활의 낭만을 생각하기엔 머나먼 이야기이다. 그나마 세 아이 모두 국가장학금을 받아 경제적 부담을 덜었다. 소득 분위가 1분위여서 전액(2백6십만 원)을 다 받는다. 사립대에 다니는 둘째는 나머지 금액은 학교에서 주는 면학 장학금을 받아 해결한다. 이것도 부모 찬스라면 찬스여서 자조섞인 농담을 한다. "너희들은 엄마 아빠 덕으로 학교 다니는 거야."

부모 자리가 버겁다.

비행기 타다

아들이 내년(2020년) 1월 30일에 군대에 간다. 아들 친구가 의경 시험을 보자고 해서 별 생각 없이 응시했는데 그 친구는 떨어지고 아들은 붙었다. 시험 당일 가거도 지원자를 찾았는데 아들이 자원해 결정이 났다. 덜컥 합격하고 통지서를 보니 함께할 수 있는 시간이 많지 않다는 생각에 가족여행도 가고 가족사진도 찍고 싶었다. 지금까지 변변한 여행 한번 못 가고 사진도 막내 돌 사진 찍을 때 덤으로 찍은 게 다. 아이들이 자랄 때 정기적으로 사진을 찍어 두고 싶었는데 사는 데 바빠서 못했다.

시장에서 조그만 가게를 하는 남편은 불경기로 몇 년 전부터 점포 정리를 생각했는데 워낙 오래된 가게라 엄두를 내지 못하는 것 같았다. 결혼 초에는 시어머니 밑에서 월급을 받았는데 박봉이었다. 수익성이 떨어지는 가게를 남편에게 맡기고 시어머니는 바로 옆에서 채소 가게를 한다. 이어받은 가게는 법적으로도 일상에서도 시어머니의 손바닥 위에서 벗어날 수 없었다. 수익도 변변찮은 가게 때문에 가족 행사는 물론 모임도 거의 대부분 참석하지 못한다. 그것이 수없이 많은 싸움의 원인이 되었다. 제대로 쉬는 날도 없이 일하는 남편이 안쓰럽지만 과감히 한 번쯤은 식구들과 함께하는 시간을 내도 될 것 같은데 그렇게 하지 못하는 것이 밉기도 했다. 결혼하고 한 번의 휴가도 없었다.

둘째가 이번 겨울에 꼭 가족여행을 가자고 했다. 나도 아들 핑계 삼아 가고 싶었다. 하지만 남편이 가지 못한다고 할 게 뻔했다. 둘째는 "비행기표를 미리 끊어 놓으면 아빠도 거절하지 못하지 않을까?" 하면서 일을 저지르겠다고 했다. 아무리 생각해도 그런 일은 일어나지 않을 것 같아 포기하라고 했더니 그러면 나하고라도 가자고 했다. 남편에게 몇 번 운을 띄웠지만 역시나 답은 정해져 있었다. 남편 사정을 이해 못 하는 건 아니지만 몹시 서운했다.

몇 달 전에 남편이 치과에 갈 일이 생겼다. 치아가 좋지 않아 가끔 치통에 시달리는데 약으로 때우고 버텼다. 아무리 치과 좀 가라고 해도 가게를 비울 수 없는 사정을 알면서 그런다고 화를 냈다. 마침 아이들이 모두 모여 있어 일요일에 진료하는 치과를 찾아냈다. 쉬는 날이어서 당장 가자고 나섰다. 이가 썩다 못해 바스러져 있어 발치 하는데 산산조각 났다. 이 전체를 사망신고해야 할 판이었다. 이를 빼고 점심을 먹는데 반주를 마시려고 했다. 워낙 술 담배를 즐기는 사람이라 금연 절주는 염불을 외도 듣지 않는다. 아이들까지 노발대발하자 술은 시키지 않았지만 피가 멈추지 않았다. 응급실이라도 가자고 했더니 "그건 아닌 것 같고." 한다. 남편의 거절은 "그건 아닌 것 같고." 다. 벽에다 얘기하는 것 같다.

그날 이후로 문제의 심각성을 깨달았는지 치과를 다니기 시작했다. 임플란트해야 하는 치아가 대여섯 개 정도에 잇몸 치료에 견적이 심상치 않았다. 남편이 들고 있는 치과 보험에서는 1개당 40만 원을 지원해 주는데 그것도 일 년에 세 개가 한도라고 했다. 그래서 우선 급한 것 3개만 심는다고 했다. 그러면서 2만 원씩 2년을 더 넣으면 무제한으로 할 수 있다고 그 보험을 더 넣고 2년 후에 나머지를 하겠다고 했다. 난 말도 안 된다며 펄쩍 뛰면서 "그러다가 더 나빠지면 어떡할거냐고 돈이 없으면 빚을 내서라도 해야지." 하면서 말다툼했다. 남편은 지금 들어간 카드값이 얼만 줄이나 아느냐고,

낼 모레 애들 기숙사비 낼 돈도 없는데 하면서, 언제 한번 나를 위해서 뭘 한 적이 있느냐며 큰소리를 냈다. 서운함과 미움이 물밀듯 밀려왔다. 한 달 가까이 무언 시위를 이어갔다.

  서울로 공부하러 간 아이들은 앞으로 그곳에서 자리 잡고 살 가능성이 높다. 코딱지만 한 방 하나라도 얻어 주려면 보증금이라도 있어야 해서 비상금을 모으고 있는데 그걸 내놓으면서 이를 하라고 하면 할 사람도 아니었다. 그래서 그냥 알아서 하라고 포기했다. 대신에 기숙사비를 내 통장에서 입금할 테니 그것은 급한 이빨 하나라도 더 하라고 했지만 그 돈의 행방은 뻔하다. 가게 물건 대금으로 들어갔을 것이다. 항상 물건값도 지불 못해 쩔쩔맸다. 이 지경인데 무슨 여행일까 싶을 거다. 거기에 가게 문을 닫고 여행을 간다는 것은 옆에 계신 시어머니가 용납 못 할 일이었다.

  둘째는 나와의 여행을 차곡차곡 진행했다. 나만 가는 것도 그렇고 아직 학생인 딸이 비행기표 끊어서 간다는 것도 낯이 서지 않아서 몇 번 거절했다. 정 가고 싶으면 국내로 모두 갈 수 있는 곳으로 가자고 했다. 물론 국내로 가더라도 남편은 가지 못할 것이다. 하지만 둘째는 완강했다. 기필코 나를 비행기 태우겠다고 했다. 사실 난 아직 비행기를 타 보지 못했다. 나도 내일을 보장할 수 없는 보따리

장사 같은 직업이라 섣불리 시간을 낼 수 있는 형편이 아니어서 그나마 여유로운 방학이 아니면 엄두가 안 난다. 눈 딱 감고 가기로 했다. 여행지를 정하고 비행기표를 예매했다.

  이번 주말에 모처럼 식구들이 모였다. 오랜만에 아이들을 본 남편은 희희낙락이었다. 좋아하는 술 한잔 거나하게 걸치고, 비행기를 타려면 정장을 입어야 한다는 둥 탑승할 때 승무원에게 깍듯이 인사를 해야 한다는 둥 나를 놀리기에 바빴다. 그 말에서 식구들에게 미안한 마음이 전달된다. 처음 가는 해외여행이어서 설레기도 하지만 마음이 무겁다. 다음에는 아들이 군대 가기 전에 한라산에 올라가자는 약속을 지켜야 한다.

헤쳐모여

둘째가 운전하는 차를 타고 드라이브에 나섰다. 목적지를 딱히 정하지 않고 교외로 나가서 예쁜 카페에 들러 커피부터 마셨다. 이런저런 얘기 끝에 장흥 천관산 동백림에 가 보기로 했다. 어쩌면 붉은 꽃이 점점이 피었을지도 모른다는 기대를 안고 출발했다. 어느새 갈무리를 끝낸 들녘은 휑하니 비었지만 논두렁 밭두렁에 흔들리는 억새가 늦가을의 운치를 더했다. 갑자기 추워진 날씨와 을씨년스럽게 불어오는 바람에 옷깃을 여미긴 했어도 초록빛 물결을 이룬 동백림은 장관이었다. 한두 송이 꽃이 보일 뿐 아직 철이 이른가 잠잠하다. 눈에 묻힌 동백꽃을 꼭 보러 와야지 다짐하며 꼬불거리는 깊은 산길을 조심조심 돌아 나왔다. 곧 서울로 되돌아갈 둘째와 가능하면 많은 시간을 보내려다 보니 늦은 오후지만 드라이브 갔던 것이다.

'헤쳐모여'를 한 다섯 식구가 다시 헤어져야 한다. 대학을 졸업하고 집으로 돌아온 첫째를 필두로 둘째의 휴학, 셋째의 전역이 이어져 조용하던 집이 북적거렸다. 칠칠하지 못한 성격으로 집은 난장판이 된 데다 일거리는 배로 늘어나 감당하기 힘들었다. 게으른 성격을 그대로 이어받은 아이들은 누구 하나 손을 보태는 사람이 없었다. 손끝이 야무진 둘째가 그래도 가끔 내 일손을 덜어주긴 했지만 역부족이었다. 큰딸은 공부한다고, 막내는 갓 전역했다는 핑계로 꼼짝을 안 한다. 내가 뭐라고 하면 그때서야 빨래라도 갠다.

일거리만 늘어난 것이 아니라 식비도 그에 못지않았다. 아롱이다롱이라고 셋 모두 식성이 달라 외식하거나, 배달을 시키거나, 음식을 만들려면 여간 애를 먹는 게 아니었다. 해산물을 싫어하는 큰딸, 갑각류 알러지가 있는 막내, 찌개를 좋아하지 않는 둘째까지 절대 통일된 메뉴가 없다. 나물과 채소도 거의 먹지 않는다. 그냥 김치에다 밥만 먹는 건 도저히 이해할 수 없는 일이라고 했다. 날마다 오늘 점심이나 저녁은 뭔지 묻는다. 때론 내가 고용된 요리사 같다. 애들이 좋아하는 음식을 하려면 시장이 아닌 대형 마트에 가야 한다. 거기에 식성이 좋은 남편도 요즘은 이가 나빠 부드러운 음식만 찾는다. 좋아하는 잡곡밥조차 먹을 수 없다.

모여 살다 보니 예사로 티격태격한다. 결국에는 복학하는 둘째와 셋째의 집을 구해야 하는 문제로 다툼이 길게 이어졌다. 내가 생각하는 정답은 막내가 양보해서 둘째의 학교 근처에 방을 얻는 것이었다. 대학원에 가면 늦게 끝나는 일이 다반사라 학교 근처여야 한다는 딸과 남자라고 양보해야 하느냐는 아들이 팽팽히 맞섰다. 우여곡절 끝에 중간 지점에 방을 구하고 가 계약금까지 걸었지만 뒤엎는 바람에 돈만 날렸다. 결론은 각자도생이었다. 먼저 계절 학기를 들어야 한다는 둘째부터 원룸을 얻었다. 이제는 막내 집을 구하러 서울에 가야 한다. 두 아이의 월세를 어떻게 감당할 건지 벌써 암담하다.

몸도 마음도 지쳐버린 한 해가 마무리되어 간다. 올해는 유난히 여기저기 아파서 약에 의지했다. 항상 이것도 하고 저것도 하며 열심히 살아야지 하는 다짐으로 새해를 맞이하지만 늘 제대로 한 일이 없어 후회만 남긴 채 연말을 맞이한다. 그중에 해마다 되풀이하는 글쓰기는 이 핑계 저 핑계로 글을 안 쓰는 일이 많았다. 책과 운동마저 안 해도 되는 거리 두기 하느라 멀리했고 자수와 명상도 이래저래 자연스럽게 그만두었다. 모든 게 게으름에서 비롯된 줄 알지만 쉽게 고쳐지지 않는다.

12월도 벌써 중순이다. 올해는 예년보다 이른 김장을 해야 한다. 고추는 닦아서 빻아 놓고 마늘도 까 두었다. 다시마, 건새우, 표고 등 육수 거리도 집에 있으니 됐다. 이제 남은 일은 깨 볶고 시장 보는 것이다. 양념에 넣을 젓갈류와 과일, 채소 등도 사다 다듬어야 한다. 최근에 파김치와 갓김치를 맛있게 먹은 둘째가 또 담가 달란다.

김장하고, 둘째 이삿짐에 챙겨 보낼 반찬 몇 가지 해 서울 가서 막내 집 구하면 큰일이 끝난다. 탈 많고 말 많은 해를 보내긴 했지만 코로나 시대에 무탈하게 보낸 것만도 그저 고마울 뿐이다. 내년부터 바쁘게 서울 다니며 두 아이 집을 둘러보려면 코로나가 빨리 끝나야 할 텐데 걱정이다.

지금은 격리 중

지금은 밤 11시 35분. 뒤늦게 앉아 노트북을 켰다. 잠시 다른 사람들의 글을 읽었다. 다들 글을 잘 썼다. 이 시간까지 아무것도 안 하고 남의 글만 읽고 있자니 나 혼자 딴 세상 사람 같다는 생각이 들었다. 쓸까 말까 한참을 고민하다 카페 글쓰기를 클릭했다. 코로나 확진으로 몸이 아파 앉아 있기가 힘들다.

큰딸이 그야말로 느닷없이 확진됐다. 친구들과 놀고 와서 목이 안 좋다며 검사를 했는데 계속 음성이었다. 자발적으로 마스크 쓰고 조심하며 일주일을 보낸 끝에 단순한 인후염일 것이라 결론 지었다. 병원에서 검사하고 약도 지어 먹었다. 또다시 며칠이 지났는데 그래도 목이 이상하다고 이비인후과에 갔는데 양성 판정을 받았다. 처방약은 가족이 와서 받아 가야 한다고 전화가 왔다. 부랴부랴 약 찾으러 간 김에 나도 검사를 했는데 음성이었다. 딸의 격리 기간에 나도 날마다 신속 항원 검사와 피시알(pcr)도 했다. 분명히 같이 밥 먹고 그랬으니 감염됐으리라 생각했는데 아니었다. 혹시 모르니 주위 사람에게도 조심했고, 격리되면 볼 책도 욕심껏 빌려왔다. 많이 아프지 않다고들 하니 책이나 읽을 요량이었다.

 딸 뒷바라지하는 것은 큰일은 아니었다. 아이가 좋아하는 것들은 인스턴트 식품이 대부분이라 남편이 사다 준 즉석 컵밥이라든가 편의점 도시락이 있어 한결 편했다. 라면도 끓여 주고 그랬지만 그래도 끼니마다 챙기려니 만만치가 않았다. 남편이 들어오기 전에 한 시간 정도 환기도 하고, 설거지도 하고 나면 뜨거운 물로 소독해가며 신경을 썼다. 다행히 딸은 크게 아프지는 않았다. 그러면 어차피 이렇게 된 것 공부라도 열심히 하면 좋겠는데 가만 보니 맨날 자는 것 같았다. 시험이 코앞인데 걱정이 되지만 문을 열어 볼 수도 그렇다고 아픈 아이한테 공부하라는 말도 할 수 없어 속만 태웠다. 격리 해제를 하루 앞두고 그동안 제대로 못 해 준 것 같아 큰맘 먹고 소고기를 구워 먹였다. 아이는 희희낙락 좋아했다.

 금요일부터 다시 일상으로 돌아왔다. 주말에는 한 달에 한 번 쉬는 남편이랑 딸과 영산강변에 돗자리 펴 놓고 잠깐 쉬다가 왔다. 남편은 그렇게 조용한 곳에서 술 한잔 마시며 보내는 걸 좋아한다. 들어오는 길에 마트에 들러 장을 봤다. 서울에 있는 아이들에게 반찬을 해서 보낸다고 했는데 내가 어찌될지 몰라 미뤘던 거였다. 마트에서 남편이 아는 사람이 우리 식구랑 밥을 먹자고 하는데 어떡하냐고 물었다. 난 조심스럽긴 한데 남편이 하고 싶은 대로 하라고 했더니 약속을 잡았다. 오랜만에 다른 사람과 밥을 먹는 일이 꽤 즐거웠다. 커피까지 마시고 헤어졌다. 물론 되도록이면 마스크를 벗지 않도록 노력하면서 말이다.

월요일 오전에 잠깐 지인들과 유달산을 돌고 김밥과 커피를 사 들고 공원에 떨어져 앉아 먹었다. 집에 들어와서 반찬거리 다듬는 데 시간을 보냈다. 메추리알은 삶아서 까고 시래기 껍질 벗기고는 전래놀이 수업이 있어 잠깐 다녀왔다. 그때부터 밤 11시까지 반찬을 만들었다. 불고기, 제육볶음, 미역줄기볶음, 깻잎 반찬, 김장아찌, 양파장아찌, 소고기장조림까지 아이들 식성에 맞게 나누고 또 먹기 좋게 소분해서 얼렸다.

다음 날 아침 아는 동생이 고창읍성에 놀러 가자는 것을 택배 보내야 한다고 뿌리쳤다. 어젯밤부터 머리도 심하게 아파 두통약부터 먹었다. 택배 물건을 챙기는데 아이스박스가 맞지 않아 남편 가게에 들러 가져 와 다시 포장해서 보내고 나니 11시가 되었다. 친하게 지내는 언니를 불러내 김밥 사 들고 가까운 산에 갔다. 등산보다는 산책에 가까워 쉬엄쉬엄 얘기하며 걷다 왔다. 커피 마시고 노닥거리다 들어왔는데 집이 썰렁하다. 문을 닫고 있는데도 이상하게 한기가 느껴졌다. 머리도 다시 아팠다.

다음날 몸이 너무 무거웠다. 아마 아이들 반찬한다고 너무 무리했나 보다. 오후에 숲 해설 강의가 있는데 도저히 할 수 없을 것 같았다. 주사라도 한 대 맞아야겠다는 생각으로 병원에 갔는데 양성이 나왔다. 서둘러 수업에 대타 설 사람을 구하고 관계자에게 연락하고 비대면 진료로 약을 처방받아 집으로 왔다. 자는 아이 깨워서 양성임을 알리고 화장실에 있는 딸의 물건과 내 것을 바꿔치기했다. 비어 있는 아들 방으로 들어와 그대로 누웠다. 저절로 끙끙 앓는 소리가 났다.

문을 닫고 들어가 버리니 보물이(반려견)가 낑낑거렸다. 하루 종일 문 앞에서 낑낑대다 울다 했다. 안타깝지만 어쩔 수 없다. 말 못하는 짐승도 걸릴 수 있다는데 조심해야지. 그다음부터는 내가 잠깐 화장실 가느라 나와도 멀리서 꼬리만 흔들 뿐 가까이 다가오지 않는다. 나에게 많이 서운한가 보다.

  딸아이가 점심에 어제 먹다 남은 제육볶음으로 볶음밥을 해서 줬다. 저번에 쓰고 남은 일회용 그릇에다 미역국까지 곁들어서 쟁반을 받치고 문앞에 서 있었다. 저녁에도 어떻게 할까 물어봐서 그냥 있는 반찬에 주라고 했더니 이것저것 챙겨서 문을 두드렸다. 다음 날 아침에는 아이가 일어나질 않는다. 항상 12시까지 잠을 자니 밥 달라고 깨울 수도 없고 해서 나갔는데 다행히 식탁 위에 바나나가 있어 가져와서 먹고 약을 삼켰다. 앞으로도 아침은 계속 그럴 것 같아 남편에게 들어올 때 빵 좀 사 오라고 부탁했다. 남편은 냉장고에 도시락도 있는데 꺼내서 데워 먹지 그러냐고 한다. 아니 내가 맘대로 돌아다니며 만질 수 있는 처지가 아니라는 것을 알면서 그런다. 말에 정이 없다. 그래도 많이 아파하니 종합감기약을 사와 처방받은 약과 함께 먹으라고 한다. 너무 아파서 두 가지 약을 먹으면서 버텼다.

  어설프더라도 딸이 살림했다. 남편은 도시락을 싸 가지고 다니는데 항상 국이나 찌개가 있어야 한다. 마침 미역국이 있어서 이틀은 버텼는데 떨어졌다고 걱정하더니 콩나물국을 끓였다. 설거지와 청소 빨래며 매일 환기시키는 것까지 알아서 했다. 물론 나이로는 당연히 해야 되겠지만 공부한다고, 아니 엄마 닮아 게을러서 손가락 하나도 까딱 안 하는 아이였다.

3일째부터는 기침과 콧물이 심했다. 기침할 때마다 목구멍이 찢어질듯 아팠다. 목이 너무 아프다 했더니 딸이 도라지차를 배달시켜 주었다. 따뜻한 도라지차를 마시니 기분이 한결 나아진다. 다시 비대면 처방을 받아 약을 바꿨다. 약을 타러 나갔던 딸이 단골 카페로 생강차를 사러 갔나 보다. 카페 주인이 모과청을 보냈다. 하루에 몇 잔씩 모과차를 마시니 조금씩 기침이 잦아들었다.

하루가 어떻게 시작되어 지나는지 모르겠다. 자다와 깨다를 반복하거나, 책을 읽거나 유튜브를 보거나, 또 끙끙 앓다가 보니 이젠 이틀 남았다. 아직 몸살기는 남아 있는데 기침이 멎으니 살 것 같다. 잘하든 못하든 엄마라고 그래도 곁에서 수발들어 주는 딸아이가 있어 고마웠다. 끼니를 챙기는 게 비록 반찬을 안 만들더라도, 별것 아닌 것 같아도 쉽지 않다.

화장실 갈 때 잠깐 보이는 베란다 창문으로 봄 햇살이 가득한데 격리 끝나면 벚꽃도 다 지겠다.

4부

나
글 쓰는
여자야

다이어트는 내일부터 · 이 또한 즐겁지 아니한가?

바람 앞의 등불 · 고스톱이라고? · 미인이시네요

인생은 즐거워 · 조서는 처음이라 · 나 글 쓰는 여자야

나는 숲으로 출근한다 · 윤슬에 실려 온 바람 · 애벌레 키우기

내 이럴 줄 알았다 · 김치가 익는다 · 내 나이는 지천명 · 핑계

다이어트는 내일부터

첫아이를 제왕절개로 낳고 병원에 누워 있는데 어느 날 남편이 간호사에게 내 배를 가리키며 "저 배는 언제 빠져요?" 한다. 아기 낳은 지 얼마나 됐다고 그러냐고 웃어넘겼지만 너무했다. 그래도 아이 셋을 낳고도 크게 살이 찌지 않았다. 아줌마들이 흔히 넋두리하듯 '처녀 적은 안 그랬는데 애 낳고 살림하다 보니 이렇게 됐다.'는 말은 크게 틀린 말은 아니지만 셋째를 낳고도 많이 변하지 않은 내겐 해당 사항이 아니었다.

그런데 어느 때부턴가 배가 나오기 시작했다. 물론 살도 얼마큼 찌긴 했지만 그래도 너무 나왔다. 심지어 친정엄마는 "뭔 배가 그렇게 나왔다냐? 아야 병원에 가봐라." 했다. '혹시 복수가 차나?' 하는

극단의 상상력까지 발휘하며 우선 산부인과를 찾았다. 의사 왈, "살이 찐 것 같소." 무슨 말이 필요하랴? 그저 쥐구멍이라도 찾고 싶었다.

나중에 안 사실이지만 폐경을 앞두면 뱃살이 찐다는 것이다. 난소에서 분비되는 여성호르몬은 소량이나마 지방에서도 나온다고 했다. 그래서 몸이 폐경에 대비해서 살을 찌운다는 것이었다. 이른바 '나잇살'이라는 것이다. 뱃살이 찌는 이유야 많겠지만 그나마 폐경 영향이라니 조금 안심이 됐다. 여자라면 누구나 맞이하는 것이기 때문에 더 그랬다. 비록 남들보다 이른 나이이긴 했지만 나를 힘들게 하지는 않았다. 우울증이나 갱년기 증후군은 거의 느끼지 않았다. 폐경이 되니 너무 편하고 좋았다. 다만 나이에 비해 흰머리가 빨리 난다거나 퇴행성관절염을 일찍 앓는다거나 살이 많이 찐다는 것 등이 나를 성가시게 할 뿐이었다.

늘어나는 뱃살만큼이나 왕성한 식욕은 내 생애 최고의 몸무게를 기록했다. 항상 다이어트는 내일부터라며 잘 먹었다. "먹고 죽은 귀신은 때깔도 좋다."고 숟가락을 놓지 못하는 나를 위로했다. 그런 내게 다이어트가 절실해졌다. 식구들은 모두 말랐는데 나만 혼자 피둥피둥 살이 찌는 것 같아 자책감도 생겼다. 그래서 열심히 운동했다. 공원에서 하는 라인댄스는 재미도 있었고, 운동한다는 이유로 먹는 것도 자유로웠다. 쉽지는 않았지만 꾸준한 운동과 거기에 연이은 집안의 애사 때문에 점차 체중이 빠지기 시작했다. 배가 어느 정도 들어가니 늘 헐렁한 옷만 입다가 제법 몸매가 드러나는 옷으로 바꾸기도 했다. 주위의 부러움을 사는 건 당연지사였다.

하지만 요요 현상 없이 잘 버티던 몸무게가 2년 만에 다시 제자리로 돌아왔다. 작년부터 광주로 교육 받으러 다니느라 저녁 운동을 소홀히 한 데다 지난겨울에 일과 운동을 쉬었더니 말짱 도루묵이 되었다. 식욕은 항상 왕성한데 몸은 편하니 순식간에 살이 쪘다. 어느새 다이어트는 내일부터가 아닌 지금 당장부터가 되었다. 그러나 생활체육 교실에 나가려면 4월까지 기다려야 한다. 운동 학원에 등록할까 고민도 했지만 주부의 처지에선 무료로 하는 게 구미가 당겨 그냥 마음 편히 기다렸다. 그래서 쌀쌀한 밤공기를 맞으면서도 헉헉거리며 오늘도 땀을 흘린다.

멋진 몸매도 좋지만 그것보다 더 중요한 게 있다. 몸에 견주어 너무 많이 나온 뱃살을 빼고 건강하려고 운동한다. 하지만 다이어트가 필요하지 않을 것 같은 사람들이 살을 빼야 한다고 설치면 뭐라 할말이 없다. 날씬하다 못해 **빼빼** 마른 사람보다 적당히 살이 붙은 몸이 예쁘다. 물론 예뻐지겠다는 욕망은 누구에게나 있고 미의 기준은 다 다르겠지만 가끔은 아니다 싶을 때가 있다. 아무리 세태가 연예인이나 모델 같은 외모를 선호한다지만 굳이 대세를 따를 필요가 있을까? 몸매도 개성이다. 흔들리지 않는 내 기준이 절실한 때다.

이 또한 즐겁지 아니한가?

올(2021년) 4월부터 광주 보건대 평생 교육원에서 산림 치유 지도사 자격증을 따려고 공부하고 있다. 코로나로 중간중간 비대면으로 수업하거나 연기되면서 수료가 예정했던 10월보다 3주나 미뤄졌다. 사회적 거리 두기 2단계가 끝나면서 부족한 이수 시간을 채우러 가느라 주말을 반납했다. 가뜩이나 내용도 생소하고 어려운 보건학이나 인체생리학 등으로 고전을 면치 못하고 있는데 강의 내용이나 실습도 만족스럽지 않았다. 표준 교재는 내용도 너무 간략하고 오타나 오류도 있어 도무지 신뢰가 가지 않았다. 다행히 내년에 바뀐다고는 했다. 거기에 관리자도 수없이 바뀌고 수업 일정이라든가 여러 안내 사항들도 제대로 전달이 안 되어 수강생들을 홀대한다고 생각해 여러 가지 불만이 쌓여 가고 있었다. 비싼 수업료와 그동안 투자한 시간을 생각하면 화가 치민다. 거기에 마스크를 쓴 데다 자주 만나지도 못하고 수료하게 되어 누가 누구인지 잘 몰라 동기라는 연대감도 생기지 않았다. 여러모로 공부를 시작한 게 후회가 됐다.

목포에서 숲과 관련된 일을 하는 사람 다섯 명과 해남에서 오는 한 명이 한 팀처럼 어울렸다. 북항에서 두 사람을 태우고 남악으로 가 두 사람과 합류해서 한 차로 움직인다. 해남에서 사는 사람은 광주에 집이 있어 금요일이면 미리 광주로 간다. 나이도 비슷해서 돌아서면 깜빡하는 머리를 자랑삼아 웃고 떠들다 보면 어느새 학교에 도착한다. 이것저것 싸 온 맛난 반찬을 내놓고 밥 먹는 즐거움은 먼 길을 온 수고로움도, 졸립기만 한 수업의 고통도 잊게 한다. 그럭저럭 시간은 흘렀고 어느덧 수료를 앞두고 있다. 알든 모르든 치러야 하는 시험도 바투 다가와 마음을 짓누르고 있다.

정신없던 시간이 지나고 좀 한가해져 공부하려고 책을 펼치면 까만 것은 글씨요, 하얀 것은 종이다. 도무지 정리가 안 되는 내용을 읽노라면 어느덧 해야 할 집안일이 머릿속을 헤집고 들어온다. 평소 집안일과는 담을 쌓고 지내는 게으른 사람이 왜 그리 해야 할 일이 많이 생각나는지 모르겠다. 거기에 같이 공부하는 동생이 맨날 꼬드긴다. 감성이 풍부한 그이는 "가을은 왜 이리 이쁜 거야?" 하며 오전 일 끝나면 자꾸 어디를 가자고 한다. 소풍 가기 좋은 장소들을 줄줄이 꿰고 있는 동생 덕분에 눈 호강을 많이 한다.

며칠 전에도 오후에 한가해서 간만에 마음 잡고 공부하려고 했는데 가까운 단풍나무 숲에 가서 도시락이나 먹고 오자고 했다. 공부보다는 노는 것을 더 즐기는 난 또 좋아라 한다. 어쩌다 보니 모인 네 사람은 모두 같이 공부하는 사람들이었다. 그중에서 제일 열심히 공부하는 언니가 "이 사람들이 지금 때가 어느 땐데 공부 안 하고 이러기야?" 한다. "와따! 이런 날도 있어야제. 공부는 나중에 열심히 하면 되제." 하며 너스레를 부리며 떨어지면 네 탓이고 붙으면 내 덕이라며 웃었다. 아는 커피집 사장님이 소풍 잘 다녀오라며 챙겨 준 샌드위치와 커피를 마시고 호수를 한 바퀴 걸었다. 수북이 쌓인 상수리나무 잎을 밟는 소리가 경쾌하게 들려오는 숲에는 가을에 취한 우리뿐이었다.

호수 앞 너른 터엔 수령이 제법 된 듯한 애기단풍나무 숲이 있다. 오후 햇살이 비치자 단풍잎은 영롱하게 빛났다. 파란 하늘과 알록달록 물든 잎이 가을 햇살로 더욱 화사해졌다. 이 틈을 놓칠세라 너도나도 휴대폰을 들이밀기도 하고 모델 뺨치는 포즈를 취하기도 하며 사진 찍기에 바빴다. 외진 시골 마을 뒷산인데도 이미 단풍으로 알려졌는지 커다란 사진기를 든 사람, 잠시 산책을 즐기는 사람들이 찾아왔다. 지금은 아늑하고 조용하지만 유명세를 타면 난개발로 훼손되지는 않을까 걱정하면서 돌아왔다. 동생은 이 좋은 계절에 공부만 하고 있을 순 없다며 웃고 있지만 이래저래 고민이 많아 보였다.

이수 시간도 다 채웠고 그 고생하면서 남은 수업을 들어야 하는 이유도 찾지 못하겠다고 이번 토요일을 끝으로 더는 가지 말자고 결정했다. 마지막 수업이라 내가 찰밥으로 점심을 준비하기로 했다. 지난번에 무김치를 담가 넉넉하게 가져가 나눠 줬더니 맛있다고 했다. 그래서 이미 맛이 검증된 배추김치와 무김치에 사 두었던 박나물과 호박고지나물을 준비하면 반찬은 넉넉할 것이고 팥과 콩을 듬뿍 넣어 찰밥을 지으면 맛난 점심을 먹을 수 있을 것이다.

요즘 한창 맛있을 강낭콩을 사러 마트에 갔더니 없어서 팥을 사려고 봤더니 1킬로그램에 19800원이나 했다. 너무 비싸서 망설이다가 그래도 찰밥엔 팥이 들어가야 제맛이라 한 봉지 사고 또 팥만 넣으면 섭섭해서 서리태까지 한 봉지 더 샀다. 나물에 넣을 들깻가루도 하나 사서 집에 돌아와 팥과 콩은 물에 담그고 나물은 삶아 두었다. 미리 만들어 둔 육수를 넣고 들기름에 마늘과 조선간장으로 양념을 해서 들깻가루로 마무리한 박나물은 야들야들 맛나게 됐다. 호박고지나물도 같은 방법으로 만들고 김치는 넉넉하게 담아 준비했다. 아침잠이 많으니 미리미리 준비해야 다음 날 수월하게 외출 준비를 할 수 있다. 다섯 명 분 외에 또 숲해설가 동기인 광주 사람들에게도 조금이지만 나눠 먹으라고 따로 담았다.

공부 좀 하고 나서 준비하느라 밤이 늦었다. 손목이 자주 아파 전날에도 파스를 붙이고 있었는데, 이것저것 하고 나니 통증이 심했다. 그래도 맛있게 먹을 친구들 생각에 아픈 줄도 몰랐다. 점심을 준비해 간다는 카톡에 다들 미안해하고 고마워하기에, 할 수 있는 사람이 하는 것이고 또 맛있게 먹어주면 나도 행복하다고 부담 갖지 말라고 했다.

오전 수업이 끝나고 돗자리를 펼치고 앉아 도란도란 먹는 점심은 꿀맛이었다. 교정의 유난히 새빨갛고 샛노란 단풍나무 두 그루와 노랗게 불타는 백합나무 한 그루가 가을의 운치를 더하는 가운데 맛있게 먹는 친구들 덕분에 나도 덩달아 배부르게 먹고 나니 오후 수업이 걱정되었다. 노곤하니 졸릴 게 뻔했다.

졸음과의 사투를 끝내고 쉬는 시간을 틈타 우리는 작당하고 땡땡이를 쳤다. 간만에 훤한 대낮에 돌아오는 길은 억새가 춤추고 노란 은행잎들이 팔랑이며 반겼다. 아침엔 보지 못한 풍경들이었다. 땡땡이를 친 즐거움과 이젠 광주까지 오지 않아도 된다는, 끝났다는 해방감에 기분은 날 듯했다. 그 기분의 여세를 몰아 동생이 커피를 사겠다고 해 카페가 보이면 들르자고 했다. 인터넷을 검색해서 가까운 곳에 갔는데 간판을 보니 시골 다방 같아서 그냥 돌아섰다. 다시 예쁜 카페를 찾아가 커피를 마시고 근처 숲을 거닐었다. 이 좋은 가을날 하루가 붉은 노을로 물들었다.

일하면서 공부하는 게 쉽지 않기도 했고 때론 강의 내용에 짜증나기도 했지만 그래도 포기하지 않고 무사히 마치게 되어 다행이었다. 비록 지금은 국가 고시라는 시험의 무게가 두 어깨를 사정없이 짓누르지만 이 공부 덕분에 오늘처럼 일탈하여 가을의 한나절을 오롯이 즐길 수 있었다. 더더욱 함께하는 친구가 있어 가능한 일이었다. 또 시험까지는 스트레스에 시달려야 하겠지만 이 또한 즐겁지 아니한가?

바람 앞의 등불

새벽녘 찬바람에 옷깃을 여미며 집을 나섰다. 택시 정류장에서 아는 언니를 만나기로 했는데 뜻밖에 언니의 남편 차가 기다리고 있었다. 아내가 멀리 시험 보러 간다고 역까지 배웅 가다니, 덕분에 목포역에 편안히 도착해서 기차에 올랐다. 그런데 아차 싶었다. 몇 호 차인지 확인하지 않았는데 순간 표를 어디에 보관했는지 기억이 나지 않았다. 다른 사람이 예매해서 보내 준 건데 코레일톡(승차권 예매 앱)에 들어가서 보니 로그인(log-in)을 하라고 한다. 난 회원 가입이 되어 있지 않아서 순간 당황스러웠다. 일행들은 뿔뿔이 흩어지고 텅 빈 기차간 아무 곳에나 털썩 앉아 있는데 지나가던 승무원이 승차표를 보여달라고 했다. 사정을 얘기했는데 표를 찾지 못하면 벌금을 내야 한다는 것이었다. 할 수 없이 예매해 준 이에게 새벽 댓바람부터 전화했다. 결론은 코레일톡에 비회원으로 로그인하면 되는데 순간 당황해서 아무것도 생각하지 못 했던 것이다. 작은 소란 끝에 제자리를 찾아 앉았다. 불길했다.

떨리는 마음을 부여잡고 책을 펼쳤는데 도무지 눈에 들어오지 않았다. 지난밤에 뒤척이다 잠을 못 잤는데, 머리가 멍한 상태가 지속될까 봐 눈이라도 붙여 볼 요량으로 자세를 잡아봐도 잠이 오지 않았다. 그러는 사이 기차는 목적지인 서대전역에 닿았다. 역 대합실에서 간단히 아침 요기를 하고 택시를 타고 응시장으로 갔다. 학교 교문에는 이미 긴 줄이 서 있었다. 코로나로 응시표를 보여줘야 들어갈 수 있었다. 교문을 통과해서 다시 긴 줄을 섰다. 발열 검사와 장갑과 규정 마스크 착용, 교실 확인 등이 이어지느라 30여 분이 지났다. 그 시간에도 열심히 쪽지를 보며 공부하는 사람들이 있어서 나도 얼른 주머니에 메모해 둔 것을 꺼내 보았다.

교실에 찾아가 앉았는데 갑자기 배가 살살 아팠다. 화장실에 다녀왔는데도 나아지지 않았다. 아무래도 스트레스를 받아서 그런 것 같았다. 한 번 더 다녀온 뒤에야 다행히 괜찮아졌다. 휴대폰과 가방을 제출하고 필기도구만을 책상 위에 두고 시험이 시작되기를 기다리는데 그 30분이 너무나 길었다. 매도 빨리 맞는 게 낫다고 얼른 끝내고 싶은 마음과 시간이 흐를수록 공부한 내용이 기억에서 사라져 버릴 것 같은 불안감이 공존했다.

드디어 시험지가 내 손에 쥐어지고, 떨리는 마음을 심호흡으로 애써 진정시키며 펼친 첫 장에 실린 두 문제를 보니 기가 막혔다. 사람들이 왜 이 과목 때문에 떨어진다고 했는지 알 것 같았다. 그야말로 듣도 보도 못한 문제였다. 붙잡고 씨름한들 답이 나오지 않을 것 같아 그냥 넘겼다. 시험지를 넘길 때마다 그런 것들이 많아졌고 그나마 공부한 내용은 헷갈리기 시작했다. 누구 말처럼 내가 이러려고 공부했나, 하는 자괴감이 들었다. 특히 1월 27일에 발표한 제5차 국민건강증진계획이 2월 6일자 국가 시험에 출제될 줄은 꿈에도 몰랐다. 코로나가 의심되는 상황에서 검사 도구로 맞는 것을 고르라는 문제도 황당했다. 시험지에다 괜한 화풀이라도 하고 싶었다.

책장을 넘김과 동시에 앞의 내용이 사라져버리는 신기한 경험이 나를 몰아세웠다. 반복만이 살길이다 싶어 팔이 아프도록 밑줄을 그어가며 읽었다. 하루 종일 돋보기 끼고 책을 읽어야 했기에 불빛에 눈은 빠질 듯 아팠고 움직이지 않으니 살은 쪄서 허리는 통증이 심하고 안 아픈 곳이 없었다. 비슷비슷한 내용으로 외워야 할 것들은 산더미였다.

제일 힘든 것은 도무지 이해가 안 되는 것이었다. 부족하고 허술한 표준 교재는 믿을 수가 없었다. 오타와 오류, 심지어는 같은 내용을 집필자에 따라 다르게 설명해 놓아 도무지 무엇을 기준으로 공부해야 할지 몰랐다. 비대면 수업이 대부분을 차지했고 이미 수업은 종료가 된 상태라 도움을 바랄 수 있는 곳이 없었다. 부족한 보건학이라던가 인체생리학은 무료 인터넷 강의를 찾아 들었고 법규는 국가법령정보센터에서 법규와 별표까지 확인하며 외워야 했다. 어디부터 어디까지 공부해야 하는지 모르는 상태라 하나에서 열 개까지 다 해야 하는 방대한 양에 머리가 터지는 것 같았다. 새삼 사법고시 공부하는 사람이나 수험생들이 위대해 보였다.

그렇게 애써 공부했는데 허망했다. 합격자 발표일까지 멍한 기분으로 시간을 보냈다. 〈대상의 이해〉에서 과락만 면한다면 실낱같은 희망은 보였다. 같은 날 목포에서 국가 고시를 본 큰딸에게 "너만 합격하면 돼!"라며 큰소리를 쳤는데 딸은 가채점 결과 합격이었다. 떨리는 마음은 진정이 안 되는데 주변에서 합격 소식이 날아들었다. 특히 맨날 여행도 다니고 노는 것 같던 친구도 합격했다고 했다. 불안한 마음 애써 부여잡고 사이트에 들어가려는데 비밀번호가 자꾸 틀렸다. 내 정보 관리에 들어가서도 글자를 읽지 못했다. 작은딸이 옆에서 "엄마! 합격했잖아." 했다. 다행히 꺼져 가는 등불을 지켰다. 65점이 어디냐? 합격했으면 그만이지. 하하!

고스톱이라고?

꽃 농원에 갔다. 알록달록 즐비한 꽃만큼이나 사람들로 붐볐다. 올해 벌써 네 번 정도 다녀왔다. 갈 때마다 꼭 작은 나무나 화초를 몇 개씩 샀다. 오늘도 역시나 파키라와 미니 장미를 골랐다. 몸은 피곤했으나 빈 화분에 옮겨 심는데 기분은 상쾌했다. 요즘 긴기아난의 향기가 달콤하게 코를 찔러 아찔하다. 몇 해 전 선물로 받았는데 분갈이를 잘못했는지 꽃이 피지 않았다. 올해는 관심을 보이고 물을 자주 줬더니 어느새 꽃대가 올라와 이렇게 나를 행복하게 해 준다. 작은 화분에서 몸살을 하고 있는 것 같아 큰 화분으로 옮겨주고 이것저것 정리했다. 꽉 찬 베란다가 한결 싱그럽다. 잠시 내 인생이 봄을 맞는 것 같다.

〈집사부일체〉라는 티브이 프로그램에 뇌 과학자인 정재승이 출연했다. 한 달에 30여 권을 읽는다는 그의 서재는 2만여 권의 책으로 둘러싸여 있다. 1만 2천 권 정도 기부했고 한 달 책값이 100만 원 이상이라고 한다. 거실 천장이 개방되어 있고 그 2층을 빙 둘러 책이 꽂혀 있는데 우리의 두뇌를 본떠 왼쪽은 논리 영역, 오른쪽은 예술 영역으로 배치했다. 그리고 근처에 있는 대표 책은 표지가 보이게끔 전시해서 관련 도서를 쉽게 찾아볼 수 있도록 했다. 책을 모으는 가장 큰 이유는 읽어서이고 그것이 더 많은 것을 알고자 하는 욕구를 불러오기 때문이란다. 책은 한 사람의 온 인생을 담은 것이라서 우리는 읽기만 하면 그것을 얻는 것이라는 이야기도 했다.

출연진들의 엠알아이(MRI) 사진을 보며 이야기를 나누는 대목도 흥미로웠다. 뇌 사진만으로도 그 사람의 성격과 직업 등 많은 것을 알 수가 있다는 다소 황당하지만 귀가 솔깃해지는 이야기를 했다. 그러면서 한 사람씩 뇌 사진을 설명해 주는데 절로 고개가 끄덕여진다. 같은 종끼리 비교해서 뇌가 크면 그만큼 똑똑하다는 것도 맞는 말이며 뇌 주름이 많이 잡혀 있으면 뇌를 많이 사용했다는 증거여서 어느 쪽의 뇌를 주로 사용했는지에 따라 성격이나 직업을 알 수 있다는 것이다. 정확히는 잘 모르겠지만 티브이에서 보이는 출연자의 성격에 맞게 그 사람의 뇌 사진도 정재승 박사의 설명과 맞아떨어졌다. 갑자기 내 뇌도 들여다보고 싶었다.

카이스트 대학에 입학하면서 세 가지 계획을 세웠다고 했다. 첫째는 도서관의 책을 다 읽는 것이었는데 성공하지 못했지만 졸업 당시에 가장 많이 대출한 사람이 되었다. 두 번째는 진하게 사랑하고 세 번째는 배운 것을 나누는 것이었다고 한다. 대학 때 만난 사람과 결혼해서 잘살고 있고 지금은 집필과 강의로 배운 것을 베풀고 있으니 계획한 것은 다 이루고 사는 것 같아 몹시 부러웠다. 정재승 박사의 뇌는 어떻게 생겼을까? 천재 물리학자인 아인슈타인(1879~1955)도 10% 정도밖에 사용하지 않았다는데 범인인 난 얼마나 썼을까?

난 어쩔 수 없는 가정환경이었기에 상고라도 감지덕지하며 갈 수밖에 없었다. 상고생이라면 당연히 갖춰야 할 주산, 부기, 타자 자격증을 따려고 노력하지 않았다. 공부 잘하면 은행에, 그 외 대부분은 경리 사원으로 취직하던 때였는데 난 그런 게 그냥 너무 싫었다. 인문계 학교에 못 간 것만 아쉬워했다. 그렇게 3년을 허송세월하고 판매직으로 취직했는데 그래도 대학에는 가고 싶었다. 내 처지가 대학만 졸업하면 바뀔 것 같아 입시 학원에 등록했다. 저녁에 학원에서 수업을 들으면 진도 따라가기도 버겁고 피곤하기만 해 몇 개월 만에 포기했다. 찬란한 20대를 회사와 집만 오가며 지냈다. 그래도 다행인 건 그나마 대학 진학의 꿈을 놓지 않아서 늦은 나이에 방송대 국어국문과를 졸업했다는 점이다. 시골 학교지만 그래도 상위권 성적을 유지하던 나를 대학에 못 보낸 것을 두고두고 한으로 여긴 엄마에게 졸업장을 선사했다.

결혼 적령기(그때는 27세 정도)를 지나니 이미 노처녀 딱지는 붙었고 딱히 내세울 것도 없는 처량한 신세가 되어 있었다. 몇 년 동안은 일본어에 빠져 퇴근 후에는 학원에서 살다시피 해 일본어능력시험 1급까지 땄다. 그 급수면 일본 유학이 가능하다고 했다. 물론 유창하게 말을 하지는 못하고 겨우 책이나 읽는 수준이지만 그동안 배운 것도 있고 하니 유학 갈까 했는데 선뜻 용기가 나지 않았다. 또 어려서는 공무원은 지질한 것 같아 생각지도 않았는데 세월이 흘러 마음이 바뀌어 도전하려니 이미 나이 제한에 걸려 있었다. 이러지도 저러지도 못하고 어정쩡한 시기에 남편을 만나 급하게 결혼했다. 나이 서른이 넘었어도 사랑이 밥 먹여 주는 줄 알았다.

아이 셋을 줄줄이 낳아 기르다 보니 어느새 중년이 훌쩍 넘었다. 친구들은 자식 시집 장가 보낼 시기에 난 아직 뒷바라지할 아이들이 있다. 내 부모님의 희생처럼 큰사랑으로 키우지 못했다. 가끔 아이들을 화풀이 대상으로 삼았고 심지어 때리기도 했다. 무식한 데다 게으르기까지 해서 상처를 주는 일이 많았고 제대로 보살피지도 못했다. 지혜롭지 못한 엄마 밑이긴 하지만 다행히 아이들은 잘 자랐다. 이제는 어엿한 사회인으로 한몫을 하는 사람이 되려고 열심히 공부하고 있다.

갈 길은 먼데 해가 저무는 예전에 반복되었던 꿈처럼 나이 먹는 게 두렵다. 어리석고 부실한 게 너무나 많은 삶이 내 뇌에 어떤 그림을 그렸을까? 여기저기 고장난 몸에 기억력까지 떨어지니 치매에 걸릴까 봐 또 무섭다. 책을 읽어도 이해하기 어렵고 매 학기 글을 써도 좀처럼 늘지 않는다. 사고의 전환이 쉽지 않다.

작년에 만성 두통에 시달리다 못해 뇌 엠알아이를 찍었다. 의사가 하는 말이 나이에 비해 신경이 많이 죽어 있단다. 뇌 사진에 하얗게 보이는 곳이 신경이 죽은 흔적이라고 한다. "그럼 어떻게 해야 해요?"라는 질문에 의사는 "고스톱이라도 열심히 치세요." 한다. 큰일이다. 난 고스톱은 못 치는데 어쩌지?

미인이시네요

"아휴, 애가 어쩜 이렇게 예뻐요?" 남편의 가게에 큰애를 데려가면 주변 사람들이 죄다 한마디씩 한다. 그러면서 뒤따라오는 말은 "하기야 애 아빠가 워낙 잘생겼어야지."이다. 심지어 애 아빠를 모르는 낯선 사람들조차 "어머 애가 아빠 닮았나 보네요." 한다. '그럼 나는?'

남편은 냉정히 말하면 내 기준으로는 60초 미남이다. 큰 눈에 진한 쌍꺼풀이 한몫한다. 하지만 눈매가 깊다거나, 그윽하다거나 그런 매력은 없다. 코도 별로다. 못생긴 건 아닌데 어딘가 부족하다. 지금은 살이 빠져 작아 보이지만 얼굴도 큰 편이다. 어찌됐건 남편은 잘생겼다는 말을 듣고 산다.

둘째도 딸을 낳았다. 수술하고 정신을 차린 나에게 두 언니는 "아야, 딸인데 어쩌냐? 너 닮았어야." 한다. '아이고 망했다.' 하지만 둘째는 클수록 큰애와 다른 매력을 선보였다. 유치원에서 큰애 담임과 둘째 담임이 서로 자기가 맡은 애가 더 예쁘다고 우김질을 했다. 둘째는 어린이집 다닐 때에도 선생님이 방송에 내보낼 생각이 없느냐고 물은 적도 있다. 그렇게 미모를 자랑하던 애들이 이제는 평범한 외모로 변해 버렸다. 아쉽긴 하지만 그래도 그럭저럭 봐줄 만하다. 아들도 마찬가지이다. 그나저나 둘째와 셋째는 나를 닮았다는데 그럼 그게 누구 유전자 덕일까?

난 지금까지 한 번도 예쁘다는 말을 들어보지 못했다. 외려 남자 형제들과 닮아 머리를 짧게 자르면 남자라고 오인도 받았다. 작은 눈은 아닌데 두툼한 눈꺼풀이 답답하고 낮지 않은 콧대이지만 평범하다. 하나씩 따져 보면 못생긴 건 아니다. 더군다나 매끈하고 가녀린 손과 조그맣고 예쁜 발은 압권인데 아쉽게도 얼굴에 가려 보이지 않는다. 다만 입이 좀 크고, 집안 내력인 돌출된 구강 구조가 흠이긴 하다. 아무리 그래도 결혼할 때 시어머니는 내가 나이도 많고 못생겼다고 반대까지 해야 했을까 싶다.

그런데 유일하게 외삼촌만 우리 자매 중에 내가 제일 예쁘다고 했다. 큰언니와 난 조금이나마 닮은 데가 있는데 작은언니와는 딴판이다. 키도 나보다 조금 더 작고 얼굴도 조그마해 어리고 예뻐 보였다. 그래서 작은언니는 늘 다리 밑에서 주워왔다는 소리를 듣고 자랐다. 그런 언니와 결혼 전에는 쭉 같이 살았는데 사람들은 늘 나를 친구 아니면 언니로 봤다. 못생긴 데다 노안(老顔)인 내가 가진 설움이었다. 전화 목소리마저 아줌마 같다는 소리를 들었다.

언젠가 사투리가 멋진 부산 남자와 데이트했는데 글쎄, 집에 데려다주지를 않았다. 왜 안 바래다주냐고 물었더니 그 남자는 얼굴이 무기인데 가로등 밝은 곳으로만 가면 된다고 했다. 유구무언이었다. 뒷모습 보고 쫓아왔다가 앞모습 보고 도망간다는 소리를 많이 들었던 터라 농담으로 받았지만 웃어야 할지 울어야 할지 모르는 가슴 아픈 추억이 되고 말았다. 우리의 인연이 이어지지 않은 건, 그의 말과 행동거지를 보았을 때 외모가 주된 이유가 아니었다고 믿고 싶다. 남편마저 나랑 결혼한 이유가 착해서였다고 한다. 말이라도 예뻐서라고 하면 어디 덧나나?

아이들이 초등학교에 입학하면서 자모회 활동을 했는데 언제나 난 왕언니였다. 늦게 결혼한 탓이다. 어느 모임이나 대부분 언니 자리는 꿰찼다. 그런데 언제부턴가 사람들이 내 나이를 어리게 봤다.

아이들이 어려서 그렇게 봐주기도 하겠지만 나이에 맞게 철들지 않아서일 거다. 나이가 많은 엄마가 생각조차 고루하면 안 되겠기에 아이들이 좋아하는 것, 유행하는 것은 알고 있으면서 아이들 수준에 맞추려고 노력했다. 그래서 아이들과 연예인 얘기도 자주 하고 요즘 아이들이 보는 프로그램도 같이 본다. 얼마 전에 여고생들에게 숲 해설을 하는데 내가 스우파(스트릿 우먼 파이터: 댄서들의 춤 경쟁 프로그램)의 화제의 댄스곡 〈헤이 마마(Hey Mama)〉를 언급했더니 아이들이 "우!" 한다.

아이들이 "엄마는 나이보다 훨씬 젊어 보여. 이야기도 잘 통하고." 하며 칭찬한다. 늙고 잘난 것도 없는 엄마지만 다행히 나를 예쁘게 본다. 특히 떨어져 사는 둘째 딸과는 수다를 많이 떤다. 똑똑한 딸이라 내가 모르는 것이나 궁금한 점을 물어보면 친절하게 잘 알려준다. 또 내가 권하는 책도 가능하면 읽어 보려고 한다. 소소한 것부터 서로의 고민까지 이야기하다 보면 끝이 없다. 때론 남편보다 더 의지가 된다.

코로나로 3년간 쉬었던 운동을 하러 갔다. 공원에서 하는 생활체육인데 신나는 트로트 음악에 맞춰 내 몸에 붙어 있는 살들이 떨어져 나가라고 열심히 흔든다. 땀을 흘리고 나면 기분도 좋아진다. 건강한 몸과 마음을 유지하면 사람들이 "미인이시네요."라고 칭찬을 해 줄 거라 믿으면서 난 이때만큼은 최고의 댄서가 된다.

인생은 즐거워

언제부턴지 모르지만 자연스럽게 네 명이 모이기 시작했다. 유난히 일 시작이 늦은 올해는 특히 카페에 모여 노는 날이 많았다. 동네 작은 카페 사장은 우리 모임(딱히 모임이라고 정하지는 않았다.)의 막내이다. 제일 큰언니는 나와 이웃사촌이자 직장 동료고, 우리 동네에서 멀리 떨어져 사는 동생은 방과 후 강사이다. 사장 빼고 우리 셋은 또 같은 독서 모임 회원이다. 물론 사장도 우리 독서 모임의 명예 회원이다. 시시때때로 찬조금을 내놓거나 맛있는 커피를 쏜다. 다들 10년이 넘는 인연을 이어오고 있다.

봄에, 일 시작하면 다들 바쁘니까 그전에 놀러 가자고 남해 여행을 계획했다. 둘레길 코스도 알아보고 숙소 예약까지 마쳤는데 코로나 여파로 취소했다. 코로나 감염자와 접촉한 사람과 점심을 먹었기 때문이다. 그 사람은 음성이 나왔지만 그래도 알 수 없는 일이었다. 그리고 그때는 지금보다 더 코로나로부터 자유롭지 못했다. 그래서 위로차 나온 말이 가을에 락페스티벌에 가자는 거였다. 몇 년째 그 공연을 보러 다닌 사장은 코로나 때문에 못 갔다며 꼭 같이 가기를 원했다.

2022 렛츠락 페스티벌(Lets Rock Festival) 표를 예매하는데 마음에 걸리는 사람이 있어 전화했더니 못 간다고 해서 우리 네 명 것만 끊었다. 그런데 마음에 드는 숙소는 구하기 힘들었다. 공연장에서 가까우면서도, 넷이 묵을 수 있는 곳은 흔치 않았다. 서울에 사는 작은딸의 검색에 힘입어 숙소를 구했는데 예약하기가 꽤 번거로웠다. 여행 목적이 뭔지까지 적으라는 거였다. 별것을 다 적으라 한다고 구시렁거리면서 시골 아줌마 넷이서 락페스티벌을 보러 간다고 썼다. 여기서도 글쓰기를 해야 하다니 혼자 픽 웃었다.

남은 문제는 교통편이다. 2일째 마지막 공연은 제일 유명한 밴드가 나오는데 다 보고 나오면 차 타기가 애매할 것 같았다. 서울 난지 공원에서 셔틀버스 타고 나와 지하철로 이동하고 어쩌고 하면 시간이 너무 안 맞는다는 것이었다. 열차와 고속버스 다 맞지 않았다. 차를 가지고 가는 방법이 제일 좋은데 문제는 장시간 운전과 서울의 교통상황이었다. 운전 경력이 제일 오래되고 수원까지도 운전해 다녀왔다는 동생에게 과녁을 조준했다. 평소 운전을 어렵게 생각 안 하는 그녀였지만 하루 종일 공연 보고 늦은 밤 운전대를 맡기는 게 과연 옳은 일인가 고민도 되고 너무 염치없는 것 같지만 눈 딱 감고 밀어붙였다.

평소 독서 모임의 책 조달이나 총무 일 같은 것들을 말없이 해내는 우직한 성격인 그녀는 우리의 고민을 깨끗하게 해결해 주었다. 저녁 운전이 힘들면 고속도로에선 내가 교대해 주겠다고 했는데 본인이 책임지고 한다고 했다. 모든 것이 결정이 난 뒤에야 처음에 연락했던 지인이 같이 갈 수 있는지 물어왔다. 숙소는 함께 묵을 곳을 찾기 어렵고 장시간 승용차를 차야 하는데 다섯 명이 타기에는 불편할 것 같다고 이야기했다. 거기서 만나서 재밌게 놀면 좋을 텐데 많이 아쉽게 됐다. 자꾸만 일이 꼬인다. 세상사가 예정대로 흐르지 않는다.

난 친구들이 별로 없다. 동창 모임 하나 제대로 없다. 초등학교 동창 모임에 한 번 나가고는 그게 끝이다. 늦게 결혼해서 아등바등 살다 보니 그네들과 사는 형편이 달라져 있었다. 아직도 난 삶의 여유를 찾기 힘든데 마냥 여유로워 보이는 그녀들은 딴 세상 사람들 같았다. 내가 바투 다가가고 싶어도 곁이 꽉 차 있는 것 같았다. 그리고 오랫동안 안 만나다 보니 아무런 추억도, 재미도 없었다. 직장친구들도 다들 비슷한 이유로 멀어져 갔다. 결혼 전에 다녔던 직장도 서울이어서 결혼하면서 이곳 목포로 와 버렸으니 모두와 이별이 되었다. 고등학교까지는 강진, 결혼 전까지는 서울, 지금은 목포이렇게 크게 3등분으로 쪼개진 삶의 터전이 이런 결과를 가져왔다. 물론 시간적 경제적인 이유가 친구 한번 만날 수 없는 생활로 이끌었지만 말이다.

지금 내가 이곳에서 만나는 사람들이 유일한 친구이다. 옛날의 고향 사람들처럼 우리 집 숟가락이 몇 개인지 안다. 울고 웃는 나날을 공유한다. 가끔 비교 아닌 비교를 하면서 혼자 가슴앓이도 하지만 그건 내 성격이니 어쩔 수 없었다. 사람인 이상 서운하기도 하고 화가 날 수도 있다. 언제까지 꿍하고 있을 수가 없어 언제 그랬냐 싶게 그냥 얼버무려진다. 강산이 두어 번 바뀔 때까지 함께했으니 내 인생에서 중요한 자리를 차지하는 사람들이다. 이들이 있어 삶의 맛이 더 풍부해진다.

며칠 뒤, 저녁에 그녀가 수고해 준 덕분에 신나게 놀다 온 것을 기념해 피맥(피자와 맥주) 파티를 하기로 했다. 물론 장소는 문 닫은 카페에서다. 난 피맥의 맛은 모르지만 피자는 좋아한다. 어느 술자리에서나 안주발만 세우는 내 역할도 중요하다. 한쪽 구석의 희미한 불빛 아래서 웃고 떠들라치면 가끔 손님들이 문을 두드려 방해하지만 그 또한 즐겁게 받아들인다. 공연장에서 체력이 달려 방방 뛰지 못한 나이를 아쉬워하면서 한 페이지를 써 내려간 촌 아줌마들의 일탈기는 두고두고 우리를 웃게 할 것이다.

오늘도 건강한 하루를 살아낸 우리의 중년을 위하여 건배!

조서는 처음이라

　둘째와 영화를 보려고 표를 예매하고 커피숍에 앉아 있는데 남편에게서 전화가 왔다. 최근에 어디를 지나간 적이 있냐고 물었다. 그러면서 이것저것 묻더니 집에 가는 길에 경찰서에 들르라고 했다. 별것 아니니까 묻는 말에 대답만 하고 가라는 것이다. 형식적인 것이니까 신경쓸 것 없다고 덧붙였다. 하지만 경찰서에 간다는 것이 좋은 일은 아니라서 걱정이 이만저만이 아니었다. 짚이는 것도 있어 영화를 어떻게 봤는지 기억이 나지 않았다.
　오후 여섯 시가 넘은 경찰서는 조용했다. 불이 켜진 사무실로 갔는데 아무도 없었다. 잠깐 복도에서 기다리는데 손에 땀이 찼다. 한참 뒤에 담당자를 만났다. 내 신원 확인을 마치고 본격적인 질문이 시작되었다. 지난 일이 번개처럼 스쳐가면서 내 머리는 적절한 답을 찾느라 빠르게 움직였다. 말 한마디 잘못했다가 내가 잡혀가지는 않을지, 상상은 도를 넘어서고 있었다.

평소처럼 커피를 마시러 가는 길이었다. 골목에서 좌회전해서 나와 왕복 6차선 큰 도로에 접어들었다. 막 돌아서 2차로에 들어섰는데 3차로 정류장에 버스가 섰다. 순간 2차로와 3차로 사이에서 망설였다. 차선을 바꿔 3차로에 있는 버스 뒤로 갈 것인가, 서둘러 앞지를 것인가 그것이 문제였다. '분명 사람을 태우고 내려 주느라 시간이 걸릴 것이다.'는 확신으로 속력을 냈다. 하지만 예상보다 빨리 차가 움직이기 시작했다. 정류장과 교차로는 불과 50여 미터 떨어져 있었다. 그렇다고 2차로에서 버스가 지나가기를 기다리기에는 이미 늦어버렸다. 난 어느덧 버스를 지나치고 있었다. 에라 모르겠다, 힘껏 가속페달을 밟아서 3차로를 가로질러 오른쪽으로 멋지게 사라지는 영화 같은 일을 저질렀다. 그 덕분(?)에 뒤통수가 켕기고 싸한 느낌이 들어서 뒷거울로 슬쩍 봤더니 버스는 잠깐 멈추는가 싶더니 아무 일 없는 듯 지나갔다. 다행이었다.

그렇게 잊힌 일이었다. 보름 정도 지나서 연락이 올 줄 몰랐다. 번개처럼 사라진 차를 찾기가 쉽지 않았는데 차 뒤창에 붙인 초보운전 딱지가 빌미가 되어 추적당해 다음 학교 근처 보안 카메라에 덜미가 잡혔다. 버스 회사에서 승객이 다쳐 입원했다며 나를 고발했다는 것이다. 그러면서 '그날 날씨는 어땠냐?'부터 꼬치꼬치 캐묻기 시작했다. 버스를 봤는지 물었고 난 사실대로 대답했다. 버스가 움직이는 것도 봤지만 난 분명히 깜빡이도 켰다고 말했다. 하지만 버스가 급정거하는 것은 보지 못했다고 잡아뗐다. 나하고는 직접적인 사고가 나지 않아도 뒤처리를 하지 않고 가버리면 뺑소니로 몰린다는 얘기를 들은 적이 있었기 때문이었다. 버스가 잠시 서는 것을 봤기에 잘못하다간 뺑소니로 들어갈 것 같았다.

등줄기에 식은땀이 흐르고 시간은 더디 갔다. 담당자는 몇 번이고 그 상황을 되물었다. 그리고선 마지막으로 버스에 기록된 사고 영상을 보여줬다. 이상하게도 난 갑자기 나타나 끼어들었다. 그 바람에 버스 승객이 서 있다가 넘어졌다. 그런데 그 승객은 괜찮다고 했다가 나중에야 입원해서 버스 회사를 걸고넘어졌다고 했다. 담당자는 이미 영상을 보고 난 뒤에 내가 거짓말을 하는지 안 하는지 지켜봤다고 생각하니 소름이 끼쳤다. 그 와중에도 영상을 보다가 생각이 든 게 '원래 버스 기사는 승객이 자리에 앉는 걸 확인하고 출발하는 게 규칙 아닌가?'였다. 그래서 "버스 기사님도 잘못하셨네요. 승객이 자리에 앉은 다음에 출발해야 하잖아요?" 했다. 어디서 그런 용기가 나왔는지 모르겠다.

말은 그렇게 했지만 덜덜 떨리는 목소리는 어쩔 수가 없었다. 이제 난 끝이구나 싶었다. 재차, 삼차 확인하는 말에 "난 사고가 난 줄 몰랐다."로만 답했다. 거의 사색이 되다시피 있다가 남편에게 일 끝났으면 빨리 좀 오라고 전화했다. 남편이 달려오니 천군만마를 얻은 듯했다. 담당자나 남편은 별일 아니라고 나를 안심시켰다.

생전 처음 경찰서에서 조서를 썼다. 그때는 난 어느 누구보다 중범죄를 저지른 사람이 되어 있었다. 경찰관이 '난 네가 한 일을 다 알고 있어.'라는 눈빛으로 집요하게 물고 늘어지는 바람에 집에 돌아와서도 사시나무 떨듯해 진정시킬 수가 없었다. 경찰서에서 보낸 한두 시간이 하루를 시달린 것처럼 녹초가 되어 버렸다. 그날은 잘 먹지도 자지도 못했다. 아무튼 몇 달이 지나 집으로 날아온 서류는 뭔가 복잡하고 어려운 말이었지만 법적인 문제가 없다는 내용이었다. 그때야 한시름 놓았다. 교차로 통행 위반에도 이렇게 벌벌 떨면서 조서를 쓰는데 극악무도한 범죄를 저지른 사람이나 밥먹듯이 범법 행위를 하고서도 모르쇠로 일관하는 일부 고위 권력층은 어떻게 발 뻗고 자나 싶었다.

옛날에 아버지는 '법 없이도 살 사람'이라는 평판을 들었다. 그때는 착하기만 해서 그런가 싶었는데 지금은 그 외의 뜻도 있다는 것을 안다. 법에 무지하니까 당하고만 살 수밖에 없어서 그렇게 위로하는 말일 게다. 부자나 권력자가 저지르는 큰 범죄는 구렁이 담 넘듯 하는데 소시민이 저지른 작은 잘못에는 너무나 큰 죗값을 치른다. 법이 그렇다는데 무슨 뾰족한 수가 있겠는가? 법 앞에선 한없이 작아진다. 언제든지 '장발장'이 될 수 있는 사람들에겐 법의 심판보다는 법이 보호막이 되었으면 좋겠다.

나 글 쓰는 여자야

모처럼 아침 일찍 일어나 새벽 시장에 다녀왔다. 사람들로 붐비는 시장에는 손수레를 끌고 나온 어르신들이 대부분이었다. 열무김치용 열무 두 단과 얼가리 한 단, 파김치용 실파 두 단과 그 외 새우젓, 청양고추, 양파 등을 샀다. 생선 가게마다 싱싱한 병어들이 즐비하다. '저거 회로 썰어 먹으면 맛나겠다.'고 생각하며 잠깐 망설이다 그냥 지나치고 나서 고등어 두 마리만 묵은지에 지져 먹게끔 다듬어 달라고 했다. 값을 치르려고 기다리고 있는데 주인 아줌마가 아들에게 일의 순서를 모른다고 잔소리를 한바탕 쏟아냈다. 하지만 그는 웃으면서 "네, 네." 하며 넉살 좋게 대꾸하는 거였다. 그 젊은이가 그저 예쁘고 듬직하게 보여 슬며시 웃었다.

양손에 무겁게 김칫거리를 들고 오니 다듬을 일이 태산이었다. 열무를 손질해서 먹기 좋게 잘라 놓으니 커다란 고무통에 산더미처럼 쌓였다. 그때야 아차 싶었다. '내가 또 큰손임을 잊어버렸구나.'라는 후회도 잠시, 거기에 파 두 단까지 까고 나니 손목이 아팠다. 열무를 소금에 절여 놓고 양념을 준비했다. 깐 마늘을 사려다가 집에 자디잔 것이 있어 그걸 써야 되겠다고 그냥 왔는데 막상 까려니 이번에는 손톱 밑도 아렸다. 감자는 삶아서 준비하고 양파와 청양고추, 각종 과일을 넣어 믹서기에 갈았다. 아침부터 소란스러웠던 발걸음이 "에구구! 허리야." 소리와 함께 멈추고 나니 김치 세 통이 눈앞에 놓여 있었다.

김치를 담근다고 하면 사람들은 나를 아주 부지런한 사람으로 여긴다. 일도 하는데 언제 책 읽고 글 쓰고 또 텔레비전 보냐고 한다. 야구 중계며 각종 오락 프로그램을 즐겨 보니까 하는 소리다. 거기에 누가 놀자고 하면 바쁜 일들은 죄다 잊어버린다. 내가 언제 할 일이 있었냐다. 그러니 난 엉터리 주부일 수밖에 없다. 쓸고 닦고 정리하는 데 영 소질이 없고 게을러서 집안 청소도 엉망이고 냉장고에도 버릴 음식이 쌓이기 일쑤다. 가끔 치워도 끝이 없는 지저분한 집 꼬락서니를 보면 한숨이 절로 난다. 음식물 쓰레기로 가득 담겨 나가는 것들을 보면 내가 주부 맞나 싶다.

이러면서도 꼭 손에서 못 놓는 것이 있다. 글쓰기 공부다. 지난번에 글쓰기반 문우인 황성훈 씨가 나보고 글쓰기 석사생이라고 했을 때 참 부끄러웠다. 그러고 보니 벌써 몇 년째인지 모르겠다. 쉬었다가 등록했다가를 반복했다. 서당 개 삼 년이면 풍월을 읊고 식당 개 삼 년이면 라면을 끓인다는데 난 뭘 했는지 모르겠다. 어디에 나가서 상이라도 하나 받아왔으면 그나마 위신이 설 텐데 도무지 내세울 게 없다. 하산했어도 진즉 했어야 했는데 난 지진아 신세여서 감히 그러지를 못했다. 앞문으로 들어갔다 뒷문으로 나온다는 말이 있는데 내가 그 격이다. 가방끈만 길어졌다. 하루가 다르게 글이 좋아지는 문우님들을 보면 통 늘지 않는 내 글쓰기 실력에 회의가 들었다.

예전에는 내가 글을 잘 쓴다고 생각했다. 그런 자만심이 열심히 써야 한다는 절실함을 이겼나 보다. 늘 미루다 일요일 밤늦게 쫓기듯 쓰고 한두 번 읽어 보는 것으로 끝이었다. 그래도 글 잘 썼다는 칭찬을 종종 들었다. 사람들은 한두 시간 만에 뚝딱 글 한 편이 나온다는 사실을 신기해했다. 첫 한 줄이 안 써져 막막해도 쓰다 보면 어느새 금방이다. 글이 글을 불러온다는 말은 사실이다. 물론 생각대로 써지지 않아 썼다 지웠다를 반복하는 일도 많지만 의외로 글쓰기를 그렇게 어려워하지 않는 재능은 있는 것 같다.

그 재능을 믿고 미루다 가끔 쓸거리가 생각나지 않아 포기할 때도 많았다. 각종 핑계로 수업에도 잘 빠졌다. 글 고치는 일도 어쩌다 보면 그냥 지나갔다. 기계적으로 쓴다는 지적을 받으면서도 다르게 표현하는 방법을 찾지 못했다. 빨간 글씨가 보여야만 "아뿔싸!" 했다. 까마귀 고기를 밥먹듯이 하니 매사 도로아미타불이다. 내 글이 혹평을 받거나 다른 사람의 잘 쓴 글을 보면 기가 죽어 그만 쓸까 고민도 했다.

올해에도 어김없이 글쓰기 반에 등록했다. 그냥 습관이 되어 버렸다. 이제는 글을 쓰는 일보다 글쓰기 반 식구들이 좋아졌다. 대면 수업할 때도 그 나름 재밌지만 지금처럼 줌(Zoom) 수업도 멀리 있는 사람들과도 함께할 수 있어서 좋다. 처음에는 대부분이 선생님이어서 내가 낄 자리가 아닌 것 같았다. 좀더 다양한 직업군이 모였으면 하는 아쉬움도 있었다. 글의 내용만으로도 난 점점 작아졌다. 거기에 월등하게 좋은 글을 쓰는 것을 보면 샘이 나기도 했다. 옹졸한 마음이 한동안 나를 괴롭혔다. 하지만 따뜻한 사람들이라는 것을 느낄 수 있었고 이제는 문우라는 이름으로 한식구가 된 것 같다.

해마다 3월이면 시작되던 것들이 변수가 생겨 모든 것이 뒤죽박

죽되어버렸다. 올해는 시간적으로 여유가 있어 잘 놀았지만 한편으로는 바닥을 친 경제 사정으로 본의 아니게 자존심을 버려야 했던 일들도 생겼다. 인간관계로 힘들어하면서도 또 좋은 사람들을 만나면서 새로운 힘도 얻었다. 사회성이 좋아서 걸린다는 코로나로 방콕 신세도 졌지만 덕분에 언제 걸릴지 모른다는 불안감에서는 해방되었다.

여전히 난 일요일 늦은 밤에야 글을 올린다. 아직도 빨간 글씨에서 자유롭지 못하지만 올 상반기에는 한 번도 빠지지 않았다. 글 고치기도 게을리하지 않았고 수업에도 빠지지 않았다. 글쓰기 반 수강 이후 처음 있는 일이다. 내가 생각해도 장하고 기특하다. 내가 비록 엉터리 주부이고 빵점짜리 엄마, 아내이며, 무능력한 직장인이지만 그런들 어떠하리. 나 조미숙은 이래 봬도 글쓰는 여자다.

나는 숲으로 출근한다

아침에 눈을 뜨면 남편은 이미 나가고 없다. 내 기척에 깬 보물이(반려견)도 늘어지게 하품을 하며 기지개를 켠다. 주섬주섬 냉장고에서 꺼낸 것들로 아침을 때우면서 텔레비전을 본다. 뉴스를 보거나 이리저리 리모컨을 돌리다 걸리는 프로그램에 눈이 꽂힌다. 느긋한 아침 시간은 게으름으로 가득 채운다. 남들보다 늦은 시간에 출근 준비를 하고 집을 나선다.

6년이 넘도록 난 숲으로 출근한다. 이제는 눈을 감고도 목포 근린숲이 이 계절엔 어떤지 알 수 있다. 일하기 싫은 날은 '오늘은 비가 안 오나?'며 괜히 일기예보를 살피거나 취소 문자가 오지 않나 핸드폰을 만지작거린다. 그래도 아이들과 만나면 어느새 그런 마음은 눈 녹듯이 사라져 버리고 숲을 내 집 앞마당처럼 씩씩하게 휘젓고 돌아다닌다.

숲해설가나 유아숲체험지도사는 별명이 필요하다. 대상자가 기억하고 부르기 쉬운 이름으로 자신을 표현한다. 어린 시절 내 고향 뒷산에는 동백나무가 많았다. 동백나무는 내 놀이터여서 이 나무에서 저 나무로 옮겨 다니며 놀았다. 그러다 다치기도 했다. 또 비가 온 다음에 동백꽃에 요구르트 빨대를 꽂아 빨면 달콤한 꿀이 쭉 올라온다. 그 추억으로 숲에서 부르는 이름을 동백나무로 정했다.

노란 버스가 오고 아이들이 내린다. 아쉽게도 한 달에 한 번 만나는 아이들은 너무 낯설다. 어쩌다 오지 않는 달까지 합하면 두 달이나 세 달 만에 만나기도 한다. 그 전에 시청 소속으로 있을 때는 한 달에 두 번 만나 친숙했는데 아쉽다. 시청 소속 선생님은 여섯 명으로 관내 유아교육 기관의 7세 반을, 우리 전문업체 선생님 세 사람이 5~6세 반을 맡는다. 그래도 아이들은 나를 알아보고 "동백나무 선생님!" 하며 뛰어와 안긴다. 어느덧 올해 마지막 차시 수업이다.

이번 달 숲 체험 주제는 '낙엽'이다. 내가 맡은 아이들은 대부분 5세이다. 간단하게 몸풀기 체조를 하고 주변을 둘러보게 한다. 나뭇잎 색깔이 어떠냐고 물어보면 다들 노랗다고 답한다. 때마침 백합

나무 노란 잎이 햇빛을 받아 반짝인다. 아이들에게 왜 노랗게 물들었냐고 물어보면 자신감이 넘치는 아이들은 가을이니까 그런다고 한다. 맞는 말이다. 아이들에게 구체적인 설명은 생략하고 나무도 추운 겨울을 이겨내야 하니까 준비하는 것이라고 말해 준다. 그러면서 "우리 지난번에 나무는 무얼 먹고 산다고 배웠는지 기억나는 친구?" 했더니 "햇빛, 물, 공기."라고 답하는 똑똑한 아이가 몇 명 있다. 그것을 기억하고 있다며 칭찬을 듬뿍 해 주면서 그와 연관되게 부연 설명을 하고 숲으로 들어간다. 노랗게 쌓인 은행잎을 주워 꽃송이를 만들어 여자애의 머리에 꽂아 주니 남자애가 저도 해달라고 한다. 마스크 끈으로 고정시켜 몇 개 꽂으니 멋지다.

여러 가지 모양과 색으로 물든 예쁜 단풍잎을 모으자고 했더니 어떤 아이들은 사람들의 발에 밟히고 찢겨 색이 바랜 나뭇잎을 가져온다. 그래도 아무 말 안 하고 예쁘다며 주머니에 넣는다. 알록달록한 단풍잎으로 나뭇잎 커튼도 만들고 보자기로 튕기는 놀이도 한다. 아이들은 무조건 보자기만 잡으면 튕기려 든다. 나뭇잎이 높이 솟았다가 떨어지는 모양이 한 송이 꽃이 된다. 낙엽이 잘 마르고 수북이 쌓인 곳에서는 낙엽 이불을 덮고 누워 보게 한다. 이 낙엽들은 썩어서 거름이 되어 나무가 잘 자라게도 하지만 겨울에 작은 생물들의 포근한 잠자리가 되어 준다는 얘기도 들려준다. 진드기 걱정도 되지만 미리 선생님께 허락을 구하고, 놀고 난 다음에는 잘 털도록 알려준다. 가을이 한창인 숲에서 아이들 또한 또 다른 색으로 물든다. 아이들의 웃음소리마저 알록달록해진다.

6월에 일을 시작해 여섯 번을 만나고 이제는 헤어지는 시간이 되었다. 처음 아이들을 만났던 유달산에서 마지막 숲 체험을 했다. 첫날을 기억하는 아이들이 저희끼리 여기서 무얼 했다고 조잘거린다. 그때를 기억해 돌아오는 길에 '무궁화꽃이 피었습니다'를 하든가 '경찰 놀이'를 하기도 한다. 둘 다 아이들이 좋아하는 놀이다. 처음보다 훌쩍 커 버린 아이들에게 마지막 인사를 하고 한 명씩 안아 주었다.

가만히 있어도 땀이 뚝뚝 떨어지는 여름에는 진이 빠진다. 가을까지 설치는 모기떼에 시달리거나 몸이 아플 때는 정말 출근하기 싫다. 그래도 만나면 언제 그랬냐는 듯이 그 친구들과 한 덩어리로 뭉쳐 논다. 재잘거리는 아이들 소리가 숲에 가득 차면 나도 힘이 솟는다. 가끔은 투정을 부리거나 내 말을 듣지 않고 마음대로 행동하는 애들과 전혀 도움이 되지 않는 담임 선생님이 있어 화가 치밀기도 한다. 맞장구를 쳐 줘야 수업이 훨씬 매끄럽게 진행되는데 그냥 사진 찍기 바쁘거나 무덤덤한 선생님은 힘이 빠지게 만든다. 그래도 '정말 수고했다. 이렇게 좋은 경험을 하게 해 줘 고맙다.'고 인사하는 선생님과 생글생글 웃음꽃 피워내는 아이들이 있어 내 직업에 보람을 느낀다. 숲과 아이들은 내게 좋은 친구이다.

쌀쌀한 초겨울 아침, 아이들과 맞잡은 손에 그들의 따스한 온기가 전해온다. 얘들아, 내년에 또 만나자!

윤슬에 실려 온 바람

 겨울에는 본의 아니게 일을 쉰다. 그동안 미뤄 뒀던 책도 읽고 공부도 하면서 지내려고 했지만 어쩌다 보니 연말이 후딱 지나갔다. 늦어도 3월이면 다시 일을 시작해야 할 텐데 자유 시간이 많이 남아 있지 않은 것 같아 마음이 조급했다. 완전한 휴식도 내일을 준비하는 열정도 없이 시간만 축내고 있었다. 유효기간인 3월이 시작되었어도 변한 것은 없었다.
 평소 자주 어울리는 사람들과 여수 낭도 둘레길을 찾았다. 텔레비전에서 보고 무작정 길을 나선 것이다. 이정표도 없는 곳에서 바닷바람만이 거칠게 환영 인사를 보냈다. 뛰어난 감을 자랑하는 내가 앞잡이가 되었다. 돌탑이 앙증맞게 쌓여 있는 곳에서 보는 바다

는 그야말로 장관이었다. 햇빛에 빛나는 바다에 봄 빛깔이 묻어났다. 아직은 거친 바람이지만 순하게 바뀔 날이 멀지 않았다고 바득바득 우긴다.

인적이 드문 해안 숲길을 따라 섬 한 바퀴를 돌았다. 추운 어촌 마을의 정자에서 오들오들 떨며 도시락을 먹고 차 한 대 다니지 않는 도로를 따라 출발지로 돌아갔다. 끝없이 이어지는 길가엔 키 작은 나무와 풀만이 반겼다. 행여 길을 잘못 들었나 걱정하는 일행들에게 또 여지없이 내 직감은 빛을 발한다. 한참을 걷다 보니 저 멀리 섬에 도착할 때 봤던 풍경이 눈에 들어왔다. 내 보배 같은 눈을 자화자찬하며 다 왔다고 환호성을 질렀다. 다리는 무거웠지만 가슴에는 봄바람이 잔뜩 들어 두둥실 떠가는 것 같았다.

잠시 봄바람이 다녀간 내 마음에 꽃바람이 들어섰다. 얼른 꽃 보러 가야 하는데 여의치 않아 하루하루 애가 탔다. 올해는 꼭 눈 속에 핀 복수초를 보고 싶었는데 또 놓쳤다. 정원이나 낙엽 더미에 핀 꽃보다는 얼음새꽃이라는 별칭처럼 눈을 뚫고 나와야 그 영롱한 금빛이 더 화려하게 빛나는데 너무 아쉬웠다. 변산바람꽃, 노루귀, 길마가지 등 봄꽃들이 앞다투어 에스엔에스(SNS)에 올라왔다.

작년에 변산바람꽃을 찾아 무작정 변산으로 달려갔던 일이 생각났다. 그래서 올해는 꽃소식이 많은 향일암으로 또 달렸다. 암자를 구경하고 뒤의 금오산에 올랐다. 암자에서 바로 가는 길이 공사로 막혀 돌아 나와 물어 가며 등산로를 찾았다. 중간에 샛길이 있을 것 같아 숲으로 들어섰는데 찾지를 못했다. 다시 돌아서 나가기엔 너무 들어온 것 같아 일단 김밥과 군것질거리로 요기를 하고 어떻게 할지 정하기로 했다. 자신감이 넘치는 내 촉만으로 길을 찾아 나섰는데 다른 사람이 먼저 발견했다. 나는 그렇게 산길을 휘젓고 다니는 걸 좋아하는데 일행 중 한 명은 무서워서 잔뜩 긴장했다고 한다.

어느덧 시간도 많이 지났고 산 능선이어서 야생화를 볼 수 있는 곳은 아닐 것 같아 중간에 내리막길을 선택했다. 꽃을 보겠다는 일념으로 먼 길을 왔는데 허탕일 것 같다는 예감이 들었다. 마침 산불예방원을 마주쳤는데 이 근처 꽃이 유명한 장소를 물었더니 모른다고 했다. 예쁜 꽃이 있는 곳엔 전국의 사진사들이 모여들어 인산인해를 이루는 곳이 많기에 알려져 있지 않나 싶었다. 봄꽃들은 주로 계곡을 끼고 산 초입에 많으니 내려가다 만나기를 기대했는데 아쉽게 되었다.

그래도 몇 년 만에 향일암에 와 좋아하는 사람들끼리 재밌는 시간을 보낸 것에 위안 삼으며 내려오는데, "있다, 있어!"라며 일행이

흥분해서 소리 질렀다. 눈을 크게 뜨고 찾아 헤매던 변산바람꽃이 외롭게 피어 있었다. 변산 아씨가 수줍어 고개 숙이고 있었다. "변산 아씨가 여수까지 왔구나! 반갑다." 연신 고마움을 표하고 사진을 찍었다. 하나둘씩 애처롭게 보이던 변산바람꽃이, "우리 여기도 있소." 라고 얘기하듯 여기저기 무더기로 뽐내고 있었다. 예쁘다는 감탄사만 연발하며 사진 찍기에 여념이 없었다. 그 사이에서 딱 두 송이 분홍 노루귀가 솜털이 뽀송뽀송하게 고개를 내밀고 있었다.

  향일암을 필두로 다시 목포 근처 목우암을 찾았다. 꽃 공부하는 사람들에게 '비밀의 정원'이라 불리는 목우암은 계절에 따라 야생화들이 줄지어 피어나는 곳이다. 노루귀가 피는 장소엔 이미 사진작가들의 발길이 훑고 지나간 흔적이 그대로 남아 있었다. 노루귀 사이로 둥근털제비꽃도 한 송이 왜소하게 피어 있었다. 계곡을 따라 오르다 고대하던 길마가지를 만났는데 몇 송이만 꽃잎을 열었다. 노란 신을 신은 길마가지꽃은 향기가 진하여 나그네의 발길을 붙잡는다는데 향은 별로 느껴지지 않았다. 해마다 제대로 핀 꽃을 만나지 못했다. 며칠 뒤에 오면 그 향기로 길을 막는 일이 생길 것 같았다. 내처 꿩의바람꽃까지 영접한 뒤에 산을 내려왔다. 꿩의바람꽃은 아직 수줍은지 꽃잎을 오므리고 있었다.

꽃 보자고 찾아간 구례의 산수유 마을 산수유도, 백련사의 동백 숲 동백도 아직이었다. 하지만 봄기운이 소리 없이 찾아든 길섶에는 별꽃, 큰개불알꽃, 광대나물이 피어나고 있었다. 이제 곧 낮은 자세로 보아야만 하는 봄꽃들이 지천일 것이다. 매화는 벌써 꽃잎을 떨어트리려 하고 살구꽃은 가지마다 분홍빛을 낸다. 팝콘처럼 한꺼번에 꽃망울을 터뜨릴 벚꽃도 기다려진다. 3월이 한참 지났는데도 아직 일을 시작하지 못한 것이 복인지 뭔지 알 수 없어 불안하지만, 꽃 볼 일에 마음이 설렌다. 제대로 꽃바람 났다.

애벌레 키우기

 평소 잘하는 것이 없어 이것저것 취미를 붙여 보려고 했는데 오래가지 않았다. 독서니 등산이니 하는 것은 진부한 것이고 최근 시작한 야생화 자수는 여러 핑계로 하다 말다를 반복하다 또 손목이 아파 오랫동안 쉬고 있다. 몇 년 전에는 텃밭을 일구고 싶어 빈 땅에 이것저것 심었는데 밭이 넓어 취미가 아닌 농사가 되어 버렸다. 힘은 들었지만 씨앗이 싹이 트고 자라고 열매가 영글어 가는 걸 보면 기특하기만 했다. 부모님이 농사를 지을 때는 느껴 보지 못한 것이었다. 농작물에 정이 들었다고나 할까? 몇 가지는 완전 꽝이었지만 나름 괜찮은 수확물은 이웃과 나눠 먹기도 했다.
 얼마 전에 산에 갔다가 홍점알락나비 애벌레 한 마리를 데려왔다.

막 새잎이 올라오는 팽나무 어린 가지에 수피와 똑 닮은 색깔로 의태하고 있던 터라 애써 찾아보지 않으면 눈에 띄지 않는다. 회갈색 점들이 있는 조그만 몸집, 세모진 얼굴, 양쪽으로 바짝 치켜올린 뿔이 어찌나 귀엽던지 아이들에게 보여 주면 좋아할 것 같았다. 산을 내려와 카페에서 차를 마시며 이런저런 이야기를 하면서도 눈은 계속 애벌레를 따라다녔다. 빈 플라스틱 컵에 꺾어 온 나뭇가지를 넣어주었는데 가만 있질 않았다. 두 마리가 꼬물꼬물 이리저리 돌아다니는 꼴이 어찌나 사랑스러운지 넋을 놓고 이야기에 집중하지 못했다. 그런데 집으로 와서 보니 애벌레가 없어졌다. 차에서 다른 이들과 나누는 이야기에 정신이 팔려 탈출하는지도 몰랐던 것 같다. 숲에 두고 올 걸 괜히 데려와 죽게 만들었나 싶어 정말 미안했다.

 그러다 다시 다른 곳에서 또 팽나무를 만나 혹시나 하고 열심히 찾으니 여러 마리가 보였다. 곤충의 애벌레들은 특정 식물의 잎만 먹는 애들이 많아 기주 식물을 알면 찾기가 쉽다. 거기에 있는 애벌레들은 많이 자라 여러 번 탈피했는지 짙은 초록색으로 변해 있었다. 가시 같은 뿔과 하늘색 줄을 그어놓는 것 같은 무늬의 얼굴과 선명해진 초록 줄무늬 몸체가 더 예뻐 보였다. 지난번 아쉬움을 달랠 겸 다시 두 마리를 데려왔다. 한 마리는 종령에 가까워 보였고 또 다른 아이는 좀 어린 듯했다. 그런데 먹이가 문제였다. 팽나무 어린 가지는 꺾자마자 시들었다. 집 근처에서는 그 나무를 보지 못했는데 어떻게 해야 할지 몰랐다. 괜한 짓을 한 건 아닌지 걱정이었다.

아쉬운 대로 좀 시들긴 했지만 가져온 나뭇잎으로 하루를 견뎠다. 고개를 끄덕이며 나뭇잎을 갉아 먹는 모습에 시간 가는 줄 몰랐다. 두 마리가 돌아다니다 마주치면 제법 신경질적으로 머리를 휘둘렀다. "야! 얘들 정말 성깔 있지 않냐?"면서 아이들에게 어서 보라고 성화를 부리기도 했다. 마냥 예쁘다는 말만 늘어놓으니 징그럽다던 아이들도 틈만 나면 애벌레들을 쳐다보는 것이었다. 가만히 있으면 괜히 한번 건드려 보기도 했다. 그런데 한 마리가 영 먹지를 않았다. 체구도 작은데 움직임도 신통치 않아 걱정이 되었다. 그냥 한 마리만 남기고 자연에 돌려보내 줘야겠다고 다음 날 다시 산으로 갔다. 그렇지만 아무리 팽나무를 찾아도 도통 보이지 않았다. 겨우 찾아내서 나뭇잎에 잘 붙여 주고 잎을 좀 꺾어서 돌아왔다.

그런데 나뭇잎은 오래가지 못했다. 어찌나 열심히 먹어 치우는지 꺾어오기가 무섭다. 먹이 대기가 역부족이어서 이젠 정말 아무래도 산으로 보내야 될 것 같아 통에 넣어 다른 곳에 갔다. 그런데 거기에는 팽나무가 정말 많았다. 일행이 또 홍점알락나비 애벌레를 발견하고 키워 보겠다고 가지고 간다고 하니까 다시 욕심이 생겼다. 이번에는 물병에다 넣어서 시들지 않도록 해 넉넉히 가져왔다. 한동안 먹이 걱정 안 해도 되겠다고 안심하고 가지에다 애벌레를 옮겨 주었다. 다음 날 자고 일어나 거실에 나오니 좌탁 위에 애벌레 똥이 수북했다. "이게 뭐야?"며 자세히 보았더니 꺾어 온 나뭇잎에 이름 모를 애벌레가 잔뜩 있었다. 가만히 세어 보니 총 9마리나 되었다. 너무 어려서 곤충 도감에서도 찾을 수가 없었다. 좀더 키워보고 싶은 마음이 들었다.

며칠 뒤 한참 산에 오르고 있는데 아들한테서 전화가 왔다. 애벌레가 이상하다는 거였다. 그래서 아마도 탈피하는 것 아닌가 싶어 동영상 좀 찍어 두라고 했다. 집에 돌아와서 보니 번데기가 되어 있었다. 번데기가 되려고 그랬나 보다. 난 그것도 모르고 노심초사했다. 며칠 전부터 거의 움직임도 없었고 더군다나 전날 물병에 꽂아둔 나뭇가지에서 떨어져 몹시 걱정하고 있던 터였다. 다행히 번데기가 되어서 안심은 했지만 건강한지 상태를 짐작할 수가 없었다.

그사이 홍점알락나비 애벌레와 비슷한 애벌레가 있어 성충이 궁금해서 또 한 마리를 데려왔고 다른 애벌레들은 제법 통통하게 살이 올랐다. 산에 돌려보냈던 아이도 궁금해 몇 번 들여다봤더니 다행히 새에게 잡혀 먹히지 않고 건강하게 잘 자라고 있었다. 잘하면 금방 번데기가 될 것 같아 그 녀석도 다시 데려왔다. 도합 애벌레 11마리가 함께 있으니 먹이 구하기가 쉽지 않았다. 한번은 시든 잎으로 며칠을 버티다가 이러다간 아무래도 얘들을 굶겨 죽일 수도 있겠다는 생각에 서둘러 산에 갔다. 분명히 산 입구에서 보아 두었던 나무가 내려올 때는 보이지 않았다. 몇 번을 오르락내리락하면서 발을 동동 굴렀다. 겨우 찾아내 새로운 나뭇가지에 옮겨 주고 나니 안심이 되었다.

번데기가 된 지 8일 만에 우화했다. 전날 날개가 비치기에 회사 단톡에다 올렸더니 바로 우화하겠다고 통 밑에다 솜을 깔아 두라고 했다. 우화하면서 사람처럼 양수가 나오는데 잘못하면 날개가 상할 수도 있다고 했다. 다음 날 아침에 예상대로 예쁜 나비가 되어 나를 반겼다. 그런데 날개가 이상했다. 한쪽이 눈에 띄게 짧았다. 내가 뭘 잘못한 것 같아 마음이 아팠다. 전문가에게 물었더니 날개를 잘못 펴서 그런지 어쩐지 원인을 정확히 모르겠다고 했다. 그날 수업 시간에 아이들에게 보여 주려고 꺼냈는데도 날아가지 않았다. 난 수업 때문에 담당 선생님께 나비를 맡기고 잊어버렸다. 나중에야 끝까지 지켜보지 않았다는 게 생각났다. 제발 건강하게 살았으면 좋겠다.

  나머지 한 마리도 번데기가 되었다. 가끔 꿈을 꾸는지 요란하게 몸부림친다. 그 작은 공간에서 나비가 되려고 그러는가 보다. 애벌레들(이른봄밤나방)은 이름은 알아냈지만 행방불명이 되거나 죽어서 두 마리만 남았다. 거실을 뒤져도 좀처럼 보이지 않았다. 홍점알락나비와 비슷한 애벌레(흰줄까마귀밤나방)는 아마도 번데기 틀 곳을 찾아 어딘가에 숨은 것 같다. 처음부터 통에 넣어 둘 걸 잎이 빨리 마르니까 물병에 꽂아 두느라 그냥 방치해서 생긴 일인 것 같다. 책임지지 못할 일을 한 게 후회스럽고 내가 자연을 거스르는 일을 한 건 아닌지 고민스럽게 만들었다. 하지만 키워 보지 않았다면 못 느꼈을 그런 감정이었다. 그 꼬물꼬물한 것을 바라보며 생명을 가진 이들을 다시 한번 생각했다. 마음을 다해 사랑을 주는 일은 나를 행복하게 만든다. 오늘도 번데기를 한 번 더 바라본다.

내 이럴 줄 알았다

 난 욕심이 많다. 그것도 쓸데없는 욕심이다. 공짜라면 양잿물도 마신다. 필요하지도 않는 것들을 누군가 준다 하면 무조건 받아 온다. 예전에 친정에 가서 엄마가 주는 것들은 욕심껏 가져왔다. 그럴 때마다 남편이 "그래봤자 썩힐 걸 뭐하러 그렇게 욕심을 내는가?" 하며 나무랐다. 역시나 욕심만 부렸지 제대로 소화하지 못하고 버리기 일쑤였다. 엄마가 피땀 흘려 가꾼 것인데 아까워서 남을 줄 수 없다는 이유로 나눠 먹지도 못하고 아끼거나 아니면 게을러서 팽개치다시피 두었기 때문이었다. 집에 입지도 않는 옷이 잔뜩 쌓여있고 필요치도 않은 물건들이 널브러져 있다. 내 돈으로 산 것도 많지만 얻은 것도 만만치 않다. 필요할 것 같아 받아 오고 아까워서 버리지 못한 까닭이다.

  며칠 전에 같이 일하는 사람들이 오후에 별일 없으면 도라지를 캐러 가자고 했다. 직접 캐면 싸게 사 올 수 있다고 해 오전 일을 끝내고 영암으로 몰려갔다. 처음 생각엔 1~2kg 정도 사 올 생각이었다. 하지만 막상 가 보니 내가 욕심만 부리면 싼 가격에 많이 살 수가 있었다. 갑자기 의욕이 솟았다. 어릴적에 밭일 했던 경험이 유용하게 쓰일 참이었다.

  포클레인으로 도라지밭을 갈아엎으면 쇠스랑으로 고슬고슬한 흙을 헤집어서 도라지를 캤다. 처음엔 포클레인 가까이에서 정신없이 쫓아가며 흙을 뒤졌다. 5~6년이 됐다는 굵은 도라지가 손에 잡히면 산삼이라도 만난 듯 "심봤다!"를 외치며 연신 즐거워했다. 하지만 한 시간 정도 지나니 땀은 비 오듯 쏟아지고 여기저기 몸은 쑤시고 쇠스랑을 잡은 손바닥은 물집이 잡히고 숨도 컥컥 차오르기 시작했다. 그래도 잠깐 쉬고 또다시 기운을 냈다. '허리가 아픈들 대수냐. 이 많은 도라지를 싼값에 가져갈 수 있는데.'라는 생각에 앞뒤 분간이 서지 않았다.

  그렇게 네 시간여를 도라지와 씨름했다. 포클레인 기사가 무서운 여자들이라며 웃었다. 남들은 아주 잠깐 하고도 힘들어 하는데 우리는 긴 시간을 지치지 않고 일한다고 혀를 내둘렀다. 그렇게 세 명이 각자 10kg씩 담아 차에 실었다. 말이 10kg이지 그보다 훨씬 넘는 양이었다. 주인이 흙이 묻은 것도 감안하고 크게 이익을 보자는 것도 아니어서 5~6kg 정도 더 준 것 같다.

일단 안 하던 일을 해 너무 피곤해서 그대로 베란다에 부려놓고 몸만 씻고 누워버렸다. 쏟아놓고 보니 엄청난 양이었다. 내가 너무 욕심을 부린 게 아닌가 덜컥 겁이 났다. 씻는 것부터가 문제였다. 거기다 일일이 껍질을 까야 한다고 생각하니 눈앞이 깜깜해졌다. 서울 언니네로 일부 보내고 나머지를 어떻게 할 건지 뒷일을 고민하기로 했다.

다음날부터 도라지를 씻어서 까기 시작했다. 손끝은 갈라지고 허리는 부러질 것 같았다. 손가락마다 밴드로 꾹꾹 감고 깠어도 손바닥이 사포질이 필요할 정도로 거칠어졌다. 대학에 간 뒤 처음으로 집에 다니러 온 아들이 "왜 엄마는 고생을 사서 해? 이해가 안 가."라며 핀잔을 주었다. 평일에 틈나는 대로 아니면 저녁을 먹은 뒤 잠잘 때까지 계속된 도라지 까기는 주말을 지나서 그 다음 주까지 이어졌다. 신세를 진 지인에게 선물할 도라지청 두 병을 담고, 담배를 피우는 남편의 건강을 위해 도라지 정과를 만들고, 명절에 나물하려고 말리는 것으로 끝냈다. 도라지와 돌아버릴 것 같았던 일을 마무리했다.

 엄마를 보낸 슬픔으로 쉬었던 저녁 운동을 시작하면서 다시 살을 빼겠다는 다른 욕심이 발동했다. 올해 강사가 바뀌면서 에어로빅을 하게 되었다. 에어로빅은 거의 해 본 적이 없기도 하지만 몇 달 쉬어서 그런지 운동을 따라하기가 너무 힘들었다. 가슴이 아프고 숨이 찼다. 그래도 이를 악물었다. 다음날 온몸이 쑤셨다. 글쓰기 수업에 참석하느라 하루 쉬었는데 그다음 날은 더욱더 온 근육이 아우성을 쳤다. 수요일에 여기저기 삐그덕거리는 몸을 이끌고 아직 쌀쌀한 저녁에 땀이 비 오듯 쏟아지게 운동했다. 임계치에 다다르면 조금 숨을 고르다가 '이러면 안 되지.' 하며 마음을 다잡았다.

 거기에 잡기가 쉽지 않았던 오후 수업이 서너 개 생기면서 일이 늘었다. 수업 잡느라 컴퓨터 앞에서 몇 시간씩 자판을 두드리느라 힘들었지만 일이 생겨서 좋았다. 하지만 막상 시작하니 또 너무 체력이 달렸다. 주로 아이들과 뛰어노는 일이라 힘이 많이 들기는 하지만 작년까지만 해도 거뜬히 했는데 이상했다. 그러면서도 또 어떻게 하면 더 일할 수 있을까 시간 조정을 하며 요리조리 머리를 굴려보고 있다.

금요일에 한 학교에서 첫 수업을 하는데 생각보다 아이들도 말을 듣지 않아 힘이 들었다. 몸이 이상하면서 기운이 빠지고 유난히 지쳤다. 정해진 시간보다 빨리 끝내고 나왔는데 아무래도 탈이 난 것 같았다. 집에까지 어떻게 운전하고 왔는지 모르겠다. 바로 병원으로 가면서 입원하라 하면 어떻게 해야 할지 걱정이 됐다. 이제 막 일을 시작했는데 대체할 수도 없는데 큰일이었다. 토요일이지만 낼 당장 일이 하나 있기까지 했다. 다행히 주사 맞고 가라고 했다. 집으로 돌아와 그대로 누워 버렸다.

내 이럴 줄 알았다. 도라지에, 수업에, 운동에 너무 욕심을 부린 것 같다. 감당할 수 있는 만큼만 일을 벌여야 했다. 욕심에 콩깍지가 끼면 정신을 못 차린다. 웬 욕심은 그리 많은지 모르겠다. 가난한 살림살이로 늘 전전긍긍하던 엄마의 유전자가 흐르고 또 내 생활이 여유가 없어서 그러기도 하겠지만 가끔 무모하리만큼 쓸데없는 욕심을 부려서 탈이다. 나도 멋지게 무소유를 외치고 싶다.

김치가 익는다

특기랄 것이 딱히 없다. 뭐든지 잘 먹는다든가 술 안 마시고도 잘 논다든가 그런 거 말고는 내세울 게 없다. 그러다 보니 남들이 잘하는 것을 보면 참 부럽다. 그중에는 노래가 있다. 타고난 음치는 아무리 닭 목을 먹어도 나아지지 않았다. 중학교에 다닐 때 음악 실기 시험에서 기본 점수 65점을 맞은 게 잊히지 않는다. 흥에 겨워 나도 모르게 노래를 따라 부르면 아이들이 웃는 바람에 식구들과도 노래방에 가지 않았다. 나름 한 곡이라도 열심히 연습해서 불러 봐야지 하고 다짐해도 마이크를 잡으면 음은 어디로 도망갔는지 잡지 못하고 목소리는 제멋대로 오선지를 벗어난다. 그러다 보니 노래방에서는 절대로 노래를 부르지 않는 철칙이 생겼다.

손끝도 야무지지 못해 뭔가를 만드는 데도 소질이 없다. 무엇을 하든 어설프기 그지없다. 최근에 시작한 자수도 엉망이다. 나는 최선을 다하는데 마치면 엉터리다. 분명 제대로 했는데도 이상하게 삐뚤빼뚤하고 삐죽삐죽 튀어나와 있다. 덜렁거리고 꼼꼼하지 못한 탓에 살림살이도 칠칠하지 못하다.
　그래도 유일하게 칭찬을 받는 것이 있다. 바로 김치다. 사람들은 제일 어려운 게 김치라고 하는데 난 아닌 것 같다. 일단 일을 두려워하지 않는다. 물론 모든 김치를 다 잘 담그는 것은 아니다.
　결혼 전부터 그런 건 아니다. 딱히 엄마에게 배운 것도 없다. 결혼하고도 마찬가지로 평소에 먹는 것은 물론 김장 김치도 시어머니가 담가 보냈기에 내가 하고 싶어도 기회가 없었다. 그러다가 김치냉장고를 사면서 일은 시작되었다. 처음 해 보는 거라 실패할 수도 있어 일단 절임 배추를 샀다. 절이는 일이 제일 중요하기 때문이다. 양념은 뭐가 들어가면 맛있다더라 하는 식으로 주워들은 대로 이것저것 넣었다. 하지만 건강을 생각해서 설탕과 조미료를 절대로 넣지 않았다. 그 대신 과일을 많이, 비법으로 홍시를 넣는다. 멸치, 다시마 등으로 육수를 내면 조미료는 필요하지 않다.
　처음의 김치 맛은 성공이었다. 김치에 자신이 붙은 뒤로는 절임 배추는 비용이 많이 드니까 직접 배추를 사다 했는데 너무 힘이 들었다. 배추를 뒷베란다로 옮겨서 쪼개고 소금을 뿌려 고무통에 절여 놓은 뒤 중간에 뒤집어 줘야 하는 것이 다 일이다. 다시 몇 번이나 씻고 헹궈 물기를 빼는 것도 쉽지 않았다. 몇 해를 그렇게 하다 도저히 감당하기 힘들어 다시 절임 배추로 돌아갔다. 양념을 준비하는 일도 산더미이다. 1년 쓸 고춧가루까지 생각해서 건고추 약 2~30근을 손목이 시큰거리고 허리가 뻣뻣해지도록 닦아야 한다. 손끝이 아려 한 번에 많이 깔 수도 없는 마늘도 그렇고 손이 물에 퉁퉁 붓도록 씻고 썰어야 하는 손질도 만만치 않다.

  김치 맛이 소문이 나면서 점점 여기저기 인사차 보내는 양이 많아졌다. 손이 큰 것도 있지만 내 김치를 먹고 맛있다는 칭찬을 듣는 일이 좋아 점점 양이 늘어 120킬로그램까지 혼자서 했다. 남들이 도와주겠다는 것도 내 손으로 끝까지 해내고 싶기도 하고 행여 김치 맛이 달라질까 봐 거절했다. 해마다 줄여야지 하면서도 나눠 먹을 거 생각하면 아무래도 적다 싶어 조금만 더 늘리다 보면 어느새 100kg까지 된다. 욕심 같아선 김치 냉장고 서너 개에 갖가지 김치에 몇 년씩 삭인 묵은 김치까지 제대로 갖춰 놓고 내가 좋아하는 사람들에게 나눠 주고, 집으로 불러서 밥도 해 주고 그렇게 살고 싶다. 올해 스무 살이 된 아들은 예전부터, 장가가면 다른 건 몰라도 김치만큼은 담가 주라고 한다. 다른 건 맛이 없다나 어쨌다나. 엄마 힘든 건 생각 안 하고 벌써부터 자기 집 식구만 챙긴다고 핀잔을 주면서도 내 김치를 인정해 줘서 내심 뿌듯하다.

간혹 아이들이나 주변 사람들은 김치 장사를 권한다. 건강에 좋으면서도 맛나게 좋은 재료를 쓰자면 수지타산이 맞지 않을 수도 있고 김치 맛이 항상 좋다는 보장도 없다. 아직까지 김장 김치는 실패하지 않았지만 일반 김치는 종류별로 간혹 맛에 차이가 났다. 요리법을 적어 두고 정량대로 하라고 하지만 난 그렇게 안 된다. 꼼꼼하지 못한 성격이 고스란히 드러나지만 왠지 옛 어른들이 고수해 오던 손맛이랄까 그런 정겨움이 있는 것 같다. 그냥 눈대중으로 맞춘다. 듬뿍듬뿍 집어넣고 손가락으로 푹 찍어 보고 부족하다 싶으면 더 넣는 그런 방법이 좋다. 돈벌이로 하기엔 아직 모자라다.

이젠 아이들도 모두 집을 떠나고 살림을 하는 것도 아니어서 김치 양이 예전보다 많이 줄었다. 아이들이 어릴 때는 김치찌개나 김치전 등 여러 요리의 재료로 썼는데 이제는 둘이서 주로 김치 자체로 먹는다. 그래도 여전히 김치 욕심이 많다. 추석에 배추김치와 파김치를 담그려고 했는데 그만 허리병이 나서 하지 못했다. 사실 아이들은 많이 먹지도 않는데 말이다. 돈 몇 푼 들이면 맛있는 김치를 사 먹을 수 있는데 굳이 힘들게 담글 필요가 없을지도 모른다. 하지만 다른 건 몰라도 우리 식탁에서 무엇으로도 대체될 수 없는 소중한 김치를 남의 손에 맡길 수 없다. 내 특기를 살려 정성스럽게 담근 맛있는 김치가 소리 없이 익어간다.

내 나이는 지천명

나는 아직 철부지다. 천둥벌거숭이 같던 어린 시절처럼 지금도 먹고 노는 게 즐겁다. 눈앞에 집안일이 산더미처럼 쌓여 있어도 누군가 놀자 하면 두말 않고 달려 나간다. 맛있는 것 먹고 수다 떠는 게 더 재미있는데, 집 좀 지저분하고 설거지 좀 밀리면 어떠랴? 천성이 게으르고 정리정돈 못하고 무슨 일이든 코앞에 닥쳐야 하는 성격인 내가 집안일을 잘할 수는 없는 노릇이다. 잘 먹고 잘 노는 것이 내 장점 중의 하나다.

늦은 나이에 결혼하면서도 세상의 잣대로 남자의 조건을 따져 보지도 않았다. 왠지 그 남자 곁에 있어야 될 것 같았다. 홀시어머니의 장남에 직장도 변변치 않고 가진 것도 없었다. 특별히 아이들을 예뻐하지도 않고 넉넉한 형편도 아닌데 아이도 셋이나 낳았다. 정말이지 대책 없고 어리석었다. 멀리 내다보고 깊게 생각하지 못한 내 성격의 한계가 여실히 드러나는 일이었다. 그런 행동 뒤에 따라올 수밖에 없는 여러 가지 일은 내 선택의 결과였다. 톨스토이가 《안나 카레니나》에서 "행복한 가정은 모두 비슷해 보이지만, 불행한 가정은 모두 저마다의 이유가 있다."고 한 것이 내 이야기 같다.

  사는 것은 힘들다. 기본적인 의식주 문제부터 인간관계의 불편함, 때론 삶의 근본을 묻는 철학적인 물음까지 부딪히고 해결해야 하는 것들이 내 양어깨를 무겁게 짓누른다. 이것저것 생각하다 보면 어찌해야 좋을지 답이 안 보인다. 힘들게 정면으로 맞서기보다는 애써 외면하는 일이 더 쉬웠다. 그러다 보니 어느덧 나이만 먹었지 제대로 살고 있는지 의문스러웠다.

  어느 날 거울에서 낯선 얼굴을 보았다. 나이를 감출 수 없게 늘어진 피부에 어느덧 깊어진 팔자주름, 거기에 지친 삶의 냄새가 짙게 풍기는 무표정하고 휑한 얼굴이 눈에 거슬렸다. 조기 폐경에, 삐걱거리는 관절에, 보름이 멀다 하게 쑥쑥 자라는 흰머리는 내 나이를 여지없이 까발리고 있었다. 더구나 쓸데없는 말이 많아지고, 금방 한 일도 깜빡깜빡하고, 부끄러움도 모르고 큰 소리를 내는 아줌마

특유의 성질을 내게서 발견하면 그야말로 낭패감을 맛본다. 나도 이렇게 늙어가는 것을 인정할 수밖에 없다.

공자가 말하는 지천명이 되었다. 그가 정의한 나이는 내겐 어느 것 하나 어울리지 않는다. 내 안의 소리도 듣지 못하는 내가 어찌 하늘의 소리를 알 것인가? 하나님이 제아무리 친절하게 조목조목 짚어 주신다 한들 내가 알아들을 수 없을 것이다. 왜냐하면 미숙한 자아는 아직 귀를 열지 않았기 때문이다. 좀더 지혜롭고 현명하게 살아 보려 해도 어리석은 마음은 따라가지 못한다.

언제부턴가 야금야금 찌던 살이 절대로 빠질 줄 몰랐다. 나름 운동도 하고 그랬지만. 아니 이실직고하자면 식성이 좋은 나는 '다이어트는 내일부터'라고 외치고 ,'먹고 죽은 귀신은 때깔도 좋더라'고 믿는다. 폐경 후에 오는 어쩔 수 없는 나잇살이라고 위로하면서도 몇 년째 만삭인 배는 기어이 임신했냐는 얘기까지 듣게 만들었다. 그러던 차에 7월 한 달간 오전 시간이 비어 유달산에 다니기 시작했다. 오전에 둘레길 한 바퀴 돌고 저녁에는 공원에서 하는 생활체육 교실에 라인댄스를 배우러 다녔더니 살이 조금 빠졌다. 운전 배우면서 공포증으로 3킬로그램 정도 빠졌다가 원상 복귀한 후로 처음 있는 일이었다. 그리고 갑작스레 오빠를 잃고 거기에 여러 일이 한꺼번에 닥치면서 체중이 줄었다가 언제 그랬냐는 듯 제법 예전의 몸무게에 가까워지고 있다. 이제는 다들 날씬해졌다는 칭찬과 부러움을 사고 있지만 아직 배는 올챙이를 벗어나지 못하고 있다.

　라인댄스를 배우는 일은 즐겁다. 아무것도 모르는 상태에서 프로그램을 시작한 지 몇 달이 지난 다음에 합류해서 처음에는 무척 낯설고 힘들었다. 뭐가 뭔지도 모르게 오로지 운동해야겠다는 의지만으로 참고 다녔다. 그러다가 어느새 나도 쉬운 동작은 곧잘 하게 되었다. 그때부터 재미가 붙기 시작했다. 새 작품을 배우면 아직도 쩔쩔매지만 나보다 더 나이 드신 어른들도 잘 따라 하는 것을 보면서 힘을 낸다. 아무 생각 없이 신나는 음악에 맞춰 춤을 추다 보면 세상사 시름 잠시나마 잊는 것 같다. 삶의 새로운 활력소가 되었다.

　나이가 걸림돌이 될 때가 많다. '이 나이에 무슨'이라면서 스스로 포기하기 일쑤다. '나잇값도 못한다.'는 비아냥거림을 들을까 겁부터 난다. 아무리 나이는 숫자에 불과하다지만 세상은 그리 녹록하지 않은 것 같다. 최근에 나이가 많다는 이유로 일자리를 놓친 적이 있는데 스스로도 내 나이가 그 일에 적합하지 않다고 인정하면서도 나이 먹었다는 설움이 울컥 일었다. 자꾸만 움츠러드는 나이다. 나잇값 못하면서 나이만 앞세우는 사람이 될까 봐 두렵다.

아직 아이들이 어려서인지 사람들은 나를 어리게 본다. 애들도 엄마 나이로 안 보인다고 위로한다. 딱히 동안의 비결이 있거나 그런 것은 아니었다. 결정적인 이유는 아직 철들지 않아서일 게다. 어쩌면 죽을 때에나 철이 들지 모르겠다. 그래도 좋다. 나는 카잔차키스의 《그리스인 조르바》의 조르바처럼 살고 싶다. 내겐 너무 버거운 이름인 엄마, 아내, 며느리 등등의 이름표를 떼고 그냥 나로 살고 싶다. 먹고 싶을 때 먹고, 자고 싶을 때 자고, 춤추고 싶을 때 춤추는 그처럼.

핑계

오늘 할 일이 태산이다. 책 읽기, 수놓기, 청소하고 반찬 만들기, 수업 준비, 글쓰기 등 끝이 없다. 무엇을 우선순위에 두고 해야 할까? 우선 컴퓨터부터 켠다. 글쓰는 일이 가장 급한 것 같다. 시간에 쫓겨 글을 쓰다 보면 마음이 급해 생각도 얕고 비문도 눈에 들어오지 않는다. 글이 늘지 않는 이유가 숙제하듯 급하게 억지로 써서 그런 것 같다. 늘 다짐을 하건만 어쩌다 보면 또다시 일요일 오후가 되어 있다. 그러면 또 이번 주는 쉬고 싶다는 유혹에 빠진다.

천성이 게을러 생긴 버릇이다. 미루고 미뤄 발등에 불 떨어져야 움직인다. 우선 내가 재미있고 즐거운 일만 찾아서 하다 보면 그렇게 된다. 먹고 놀고 잠자는 일처럼 가장 원초적인 일들을 좋아한다.

주말이면 일주일 동안 열심히 일했으니 좀 게을러도 된다는 나만의 합리화에 당당하게 늦잠을 잔다. 물론 피곤하다는 이유로 집에 들어오면 소파에 먼저 눕기는 하지만 말이다. 일하지 않고 집에서 책이나 읽고 수나 놓고 화초 돌보면서 우아하게 놀면 얼마나 좋을까 싶다. 물론 그렇다고 집안을 깔끔하게 유지하지는 못할 것이다.

결혼 전에 큰언니가 내가 결혼하면 아마 애기 기저귀가 여기저기 굴러다닐 거라며 걱정했다. 그러면 난 "도우미 두고 살면 되지." 했다. 사람을 부려도 내가 일을 할 줄 알아야 한다고 혀를 차던 언니의 말대로 집안 살림은 엉망이었다. 그래도 어찌어찌 터울도 고만고만한 삼 남매를 키워 냈다. 간혹 집에 누가 오거나 한다면 날 잡아 집을 치워야 하는 문제가 생기거나, 불시에 방문객이 닥쳐 얼굴이 화끈거리게 하는 일도 일어났지만 살기에 크게 불편하지 않았다. 남편은 물건이 제자리에 있어야 하는 성격이어서 퇴근 시간이 되면 서둘러 눈에 보이는 것만 대충 정리하며 눈치를 보는 게 마음이 불편하긴 했지만 이제는 남편이 나에게 맞춰져서 그러려니 하는 것 같다.

남의 일로 여겼던 가족의 죽음을 겪고 나서 사는 게 허망하다고 생각했다. 잘난 것도 자랑할 것도 없는 인생이 참 서럽다고 느꼈다.

언제 어떻게 될지 모르는 인생, 하고 싶은 일이나 하자고 자수를 배우기 시작했다. 아는 전통차 찻집 사장님이 일하면서 가르치는 것이라 싼 수강료로 아무때나 가서 배울 수 있기에 더 마음에 들었다. 시작한 지 벌써 6개월이 지났지만 엄마 일로 중간중간 많이 쉬어서 아직도 왕초보 수준이다. 돋보기 쓰고 형광등 밑에서 자수를 놓다 보면 그게 그 구멍이고 하는 바람에 엉뚱하게 수가 놓아지지만 시간 가는 줄 모른다. 안 그래도 바쁜데 해야 할 일이 더 생겼다.

 할 일을 미뤄놓고 하고 싶은 것만 골라서 한다. 생태 관련 책들도 끊임없이 읽고 자주 숲으로 가서 공부해야 하는데 그냥 내가 좋아하는 책을 먼저 읽는다. 도서관에 가면 욕심껏 대출했다가 다 못 보고 반납하기 일쑤다. 청소해야지 해 놓고 사람들 만나서 수다 떨다 보면 어느덧 다른 일이 기다리고 있다. 일지 써야 하는데 미루다 보면 어느새 며칠 분이 몰려 있다.

 잠이 많은 난 학교에 보낼 애들이 없어 늦게 일어난다. 그래도 늘 피곤하다. 하루종일 연줄 걸리듯 엮어있는 수업 때문에 정신없이 움직이긴 하지만 대부분 늦게까지 일하지는 않는다. 그래도 어느새 해가 지면 서둘러 저녁해서 먹고 체육공원으로 운동하러 간다. 한 시간 운동하고 오면 남편과 텔레비전 보면서 이런저런 얘기를 하며 시간을 보내면 어느덧 잘 시간이다.

날마다 되풀이되는 똑같은 일상이 지겹긴 하지만 틈틈이 생기는 여유가 삶의 활력소가 된다. 입으로는 바쁘다고 외치면서 해야 할 일을 회피하며 놀기에 더 시간이 없다. 세상에 핑계 없는 무덤은 없다지만 그 수많은 핑계가 또 나를 위로한다. 비록 한없이 게으르지만 나름 최선을 다해 오늘을 견딘다.

조미숙 수필집
나 글쓰는 여자야

인쇄 2023년 8월 8일
발행 2023년 8월 11일

지은이 조미숙
발행인 서정환
펴낸곳 수필과비평사
주소 서울시 종로구 삼일대로 32길 36(익선동 30-6 운현신화타워) 305호
전화 (02) 3675-3885 (063) 275-4000・0484
팩스 (063) 274-3131
이메일 essay321@hanmail.net
출판등록 제300-2013-133호
인쇄・제본 신아출판사

저작권자 ⓒ 2023, 조미숙
이 책의 저작권은 저자에게 있습니다.
서면에 의한 저자의 허락없이 내용의 일부를 인용하거나 발췌하는 것을 금합니다.
COPYRIGHT ⓒ 2023, by Jo Misook
All right reserved including the rights of reproduction in whole or in part in any form.
저자와 협의, 인지는 생략합니다.
잘못된 책은 바꿔 드립니다.

ISBN 979-11-5933-479-5 03810
값 13,000 원

*이 책은 전남문화재단 창작지원금을 받아 발간했습니다.
Printed in KOREA